Das große Klima-Rätsel: Woher kommt das viele CO₂?

Eike Roth

Das große
Klimarätsel

Woher kommt das viele

CO_2

Bibliografische Information der Deutschen Bibliothek:
Die Deutsche Bibliothek verzeichnet diese Publikation in der Deutschen Nationalbibliografie; detaillierte bibliografische Daten sind im Internet über http://dnb.ddb.de abrufbar.

1. Auflage 2022

Herstellung und Verlag: BoD – Books on Demand, Norderstedt

Covergestaltung: Eike Roth
Satz und Layout: Joh.-Christian Hanke

ISBN: 978-3-7562-2033-5

Ungeachtet der Sorgfalt, die auf die Erstellung von Text und Abbildungen verwendet wurde, können weder der Verlag noch Autoren oder Herausgeber für mögliche Fehler und deren Folgen eine juristische Verantwortung oder Haftung übernehmen.

Inhaltsverzeichnis

Zu diesem Buch

Seit gut vier Jahrzehnten beschäftige ich mich intensiv mit dem Einfluss des Menschen auf das Klima. Die meisten damals diskutierten Gegenargumente erwiesen sich sehr schnell als nicht haltbar. Herausgreifen möchte ich nur das angebliche Topargument: den vermeintlichen Widerspruch zum Zweiten Hauptsatz der Thermodynamik. Vereinfacht ausgedrückt sagt der Zweite Hauptsatz aus, dass Wärme von selbst immer nur von einem wärmeren zu einem kälteren Körper übergehen kann, nie umgekehrt. Die Erde ist aber wärmer als die Atmosphäre. Es wäre daher unmöglich, dass die Atmosphäre die Erde erwärmt, infolge des Zweiten Hauptsatzes wäre der Treibhauseffekt ein *physikalisches No-Go*, wurde gesagt (und wird zum Teil auch heute noch gesagt). Das ist aber eindeutig ein Missverständnis: Der Zweite Hauptsatz regelt nur den *Netto*-Wärmeaustausch, es darf sehr wohl auch Wärme vom kälteren zum wärmeren Körper transportiert werden, solange nur *gleichzeitig mehr Wärme* in der umgekehrten Richtung transportiert wird. Beim Strahlungsaustausch zwischen zwei Körpern passiert das sogar immer so: Der kältere Körper strahlt aufgrund seiner Temperatur Wärme ab, in alle Richtungen, *also unvermeidbar auch zum wärmeren Körper hin*. Der zweite Hauptsatz regelt nur, dass der wärmere Körper immer *noch mehr Wärme* zum kälteren Körper hin strahlt. Und wenn der kältere Körper näher an die Temperatur des wärmeren herangeführt wird, dann strahlt er eben etwas mehr in Richtung des wärmeren Körpers, aber immer noch weniger als der wärmere Körper auf ihn strahlt. Entsprechend *wird jeder (konstant) beheizte Körper wärmer*, wenn seine Umgebung wärmer wird! Z. B. wird es in einem konstant beheizten Haus *wärmer, wenn die Außentemperatur steigt*.

Beim Haus sind das Alltagserfahrungen, aber die Erde kann sich nicht anders verhalten. Wenn die Atmosphäre mehr CO_2 enthält, dann strahlt sie mehr Wärme in Richtung auf die von der Sonne konstant geheizte Erde und *macht diese dadurch wärmer*, auch wenn die Atmosphäre selbst kälter ist als die Erde. *Es gibt also den Treibhauseffekt*, daran führt kein Weg vorbei! Man kann nur darüber diskutieren, *wie groß* er ist.

Auch andere Gegenargumente waren nicht viel besser. Konsequenterweise habe ich die Sorge vor der menschengemachten globalen Erwärmung damals für prinzipiell berechtigt gehalten. Ich habe das auch in vielen Diskussionen, Veröffentlichungen und auch in Vorlesungen so vertreten, nicht zuletzt auch in drei populärwissenschaftlichen Büchern. Die Menschheit verhielt sich zwar nicht so, wie sie sollte, aber wie sie sich verhalten sollte, das schien klar zu sein.

Kurz nach 2000 kam dann aber die Überraschung: Die allgemeine Erwärmung verlief *deutlich langsamer* als von den meisten Klimamodellen vorausgesagt. Irgendetwas *konnte ganz einfach nicht stimmen!* Das ist in der Wissenschaft eigentlich nichts Besonderes, neue Erkenntnisse gibt es bei ihr immer wieder und fast überall. Dann muss eben nachjustiert werden. Aber die Argumente, mit denen die »alten Klima-Ansichten« verteidigt wurden (und vielfach auch heute noch verteidigt werden!), die schienen mir oft wissenschaftlich nicht haltbar zu sein. Das machte stutzig. Genügt dann ein Nachjustieren, oder sind *grundlegendere Änderungen* notwendig? Und wenn erst einmal das Vertrauen verloren ist, dann schaut man überall genauer hin. Mit diesem Blickwinkel zeigten sich dann in den Aussagen der »etablierten Klimawissenschaft« zahlreiche Ungereimtheiten, auch äußerst gewichtige Ungereimtheiten! Der Verdacht wurde immer stärker, *dass mehr als nur einfaches Nachjustieren unumgänglich ist.* Ein paar Beispiele für die Ungereimtheiten:

- Die Erwärmung der letzten 150 Jahre ist beispiellos, wird gesagt: Das ist jedoch *höchstwahrscheinlich falsch!* Im Übergang von der letzten Eiszeit zur heutigen Warmzeit (der genaue Name ist übrigens »Zwischeneiszeit«, denn in einer »richtigen Warmzeit« sind beide Pole eisfrei) hat sich das Klima zweifelsfrei viel stärker (und wahrscheinlich auch viel schneller) erwärmt als es das heute tut, und zwischenzeitlich war es schon drei Mal mindestens so warm, wie es heute ist (»Neolithisches Klimaoptimum«, »Römisches Klimaoptimum«, »Mittelalterliches Klimaoptimum«). »Beim Klima nichts Neues«, könnte man zum heutigen Zustand sagen.

- Die Erwärmung der letzten 150 Jahre ist schlecht, wird gesagt: Auch das ist *höchstwahrscheinlich falsch!* Wenn man den Historikern glauben darf, ging es der Menschheit insgesamt in den genannten Klimaoptima immer besser (kulturelle Blütezeiten!) als in den kälteren Zeiten dazwischen (Völkerwanderung, Verfall, Armut und Hunger!). Warum soll sich dieses Schema plötzlich geändert haben? Wo das »wahre Klimaoptimum« liegt, kann niemand verlässlich sagen, vermutlich aber bei *höherer* Temperatur als heute!

- Die Erwärmung verstärkt extreme Wetterereignisse, wird gesagt: Auch das ist *höchstwahrscheinlich falsch!* Detaillierte Statistiken zeigen jedenfalls *keine Zunahme* von Wirbelstürmen und dergleichen. Durch Extremwetter verursachte Todesfälle sind in den letzten 100 Jahren sogar zweifelsfrei *stark zurückgegangen*, trotz starken Bevölkerungswachstums. *Bedrohlicher* ist das »Klima« wohl *eindeutig nicht* geworden!

- CO_2 ist ein Schadstoff, wird gesagt: Das ist so *mit Sicherheit falsch!* CO_2 ist lebensnotwendig, *ohne CO_2 würde es kein Leben auf der Erde geben*, auch uns Menschen nicht! Und das CO_2 hilft uns auch gegen den immer noch weit verbreiteten Hunger, weil Nahrungsmittelpflanzen bei mehr CO_2 nachgewiesenermaßen *besser wachsen* als bei weniger CO_2 (»CO_2-Düngeeffekt«). Warum wird dieser gesicherte(!) Effekt nicht dem umstrittenen(!) Klimaeinfluss *gegengerechnet?*

- Die Klimawirksamkeit von CO_2 ist hoch, wird gesagt: Das ist zumindest *massiv umstritten!* Eine hohe Klimawirksamkeit wird nur in umstrittenen Klimamodellen errechnet, deren Ergebnisse mit den Beobachtungen nur schlecht übereinstimmen. Bei einem Widerspruch zwischen Modell und Beobachtung sollte grundsätzlich primär *das Modell* in Frage gestellt werden. Beim Klima ist aber auch das anders. Warum?

Die Aufzählung ließe sich fortsetzen. Ich gewann immer mehr den Eindruck, dass ich mich gravierend getäuscht hatte. Das Klimaproblem ist in wichtigen Teilen anders, *wohl ganz anders*, als ich es zunächst eingeschätzt hatte. Ich musste meine früheren Aussagen widerrufen. Die Erkenntnis war vielfach schmerzhaft und hat mir im Kollegenkreis verständlicherweise nicht nur Zustimmung eingebracht. Aber das Umdenken war meines Erachtens unumgänglich.

Vor einigen Jahren habe ich dann nach vielen Einzel-Wortmeldungen versucht, die vielen Problempunkte rund um das Klimaproblem zusammenzuschreiben. Herausgekommen ist das Buch »Probleme beim Klimaproblem – Ein Mythos zerbricht« (Roth, 2019). Das Buch zeigt, dass sehr vieles in der vorherrschenden Darstellung zum »Klima« *nicht stimmen kann* oder zumindest *äußerst fragwürdig* ist, siehe auch die oben aufgezählten Beispiele. Aufgenommen worden ist das Buch größtenteils sehr positiv, nur haben die meisten »etablierten Klimawissenschaftler« es leider konsequent ignoriert und sich Diskussionen über seine Aussagen entzogen. Das finde ich sehr schade, denn »Wahrheit« kann man m. E. nur durch offene Diskussionen herausfinden.

Beim Schreiben des »Probleme«-Buches bin ich auch erneut auf einen alten Diskussionspunkt gestoßen: Woher kommt das viele CO_2 in der Atmosphäre? Die Ansicht »nicht vom Menschen«, gab es auch schon zu Beginn meiner Beschäftigung mit dem Klimaproblem. Aber damals schienen alle Argumente gegen den Treibhauseffekt und den menschengemachten Klimawandel nicht haltbar zu sein, warum sollte gerade dieses eine Ausnahme bilden? Wenn der Mensch sogar *doppelt so viel* CO_2 in die Atmosphäre pustet, wie sich in dieser ansammelt, woher sonst soll denn dann das viele CO_2 kommen? Außerdem hat die Sauerstoffkonzentration in der Atmosphäre genau in dem Maße abgenommen, wie es zur Verbrennung der fossilen Energieträger passt. Das bestätigt, wurde gesagt, diese Verbrennung als Ursache des CO_2-Anstieges und das klang plausibel. Also hatte ich mich damit zufriedengegeben, dass das mit dem anthropogenen Ursprung des vielen CO_2 schon seine Richtigkeit haben würde und ich hatte nicht weiter nachgedacht. Bei den Recherchen zu dem Buch sind dann aber auch da Zweifel aufgetaucht. Aber das Buch sollte fertig werden. Herausgekommen ist dann ein Anhang, in dem erhebliche Zweifel am anthropogenen Ursprung des vielen CO_2 in der Atmosphäre angemeldet wurden.

Aber beschäftigt hat mich das Thema natürlich weiter. Das CO_2 in der Atmosphäre ist Teil des Kohlenstoffkreislaufes der Erde und der ist zumindest in Teilbereichen kompliziert. Und viele Begriffe und Aussagen sind unpräzise und daher die Ursache von Missverständnissen. Je tiefer ich eingestiegen bin, desto mehr haben sich die Zweifel am anthropogenen Ursprung verfestigt. Daraus ist dann ein zweites, klimakritisches Buch geworden: »Abgesagt! – Dem Klimanotstand bricht die Basis weg« (Roth, 2020). Darin werden die Zweifel an der anthropogenen Herkunft untermauert.

Auch dieses Buch hat ein zweigeteiltes Schicksal erlitten: weitgehende Zustimmung von Menschen, die die These vom katastrophalen menschengemachten Klimawandel eher skeptisch sehen, und praktisch vollständiges Ignorieren von Seiten der »etablierten Klimawissenschaft«. Die Zustimmung hat mich natürlich wieder gefreut, aber sie war diesmal nicht mehr so einheitlich wie beim Probleme-Buch. Ich habe gelernt, dass gar nicht so wenige »Klimaskeptiker« im Laufe der Zeit ihre je eigene Meinung zum Kohlenstoffkreislauf entwickelt haben. Das kann als Zeichen einer »nicht gesättigten Wissenschaft« aufgefasst werden, also als eine Art Warnzeichen. Das finde ich prinzipiell gut, so funktioniert in meinen Augen Wissenschaft. Dass diese »Klimaskeptiker« dann aber zu einer offenen Diskussion über die tatsächlich »richtige« Lösung vielfach genauso wenig bereit waren (und oft leider auch noch sind) wie viele »etablierte Klimawissenschaftler«, das bedauere ich sehr. »Wissenschaft« wird nur weiterentwickelt, indem man kontroverse Meinungen zulässt und sie dann offen ausdiskutiert. Das scheint in der heutigen Zeit schwierig zu sein.

Aber wenn man sie sucht, dann findet man auch Diskussionen. Damit erhält man auch Ansatzpunkte, wo man nochmals vertieft nachdenken muss. Und daraus resultierten dann z. T. auch neue Erkenntnisse. Dabei sind die prinzipiellen Aussagen aus dem Buch »Abgesagt!« voll bestätigt worden, aber es hat sich gezeigt, dass einige Zusammenhänge detaillierter beschrieben werden müssen und dass sich dann manche Zahlen doch auch merklich ändern. Auf der anderen Seite scheint mir die Beweisführung jetzt noch zwingender zu sein. Die Regeln der Physik und der Logik lassen eigentlich gar keine andere Schlussfolgerung zu: Bei der »etablierten Klimalehre« stimmt der Ansatz nicht! Daher jetzt der nochmalige Versuch einer geschlossenen Darstellung der Problematik. Hierzu dieses Buch »Das große Klima-Rätsel: Woher kommt das viele CO_2?«.

Das Buch konzentriert sich streng auf den Kern des ganzen Klimaproblems: *Woher kommt das viele CO_2 in der Atmosphäre?* Es wird gezeigt, dass die Argumente *für eine natürliche Herkunft* gar nicht so schlecht sind. Offensichtlich ist auch hier die Natur stärker als der Mensch. *Wenn sich das bewahrheitet, dann fällt mit einem Schlag gleich die ganze Basis für den menschengemachten Klimawandel weg!* Denn dann gibt es nur noch zwei Möglichkeiten: Entweder wird das Klima *von natürlich freigesetztem CO_2 bestimmt*, oder es wird *gar nicht von CO_2 bestimmt*, sondern von ganz anderen Einflussfaktoren!

In beiden Fällen ist eine Reduzierung unserer CO_2-Freisetzungen nicht erforderlich (jedenfalls nicht zum Schutz vor Erwärmung) und wir können weiterhin kostengünstige fossile Energie zum Bekämpfen von Hunger und Elend in der Welt und zum Anheben des Lebensstandards der Armen einsetzen. Das »Klimaproblem« sieht dann *völlig anders* aus: An die Stelle des Versuches, *Klimaänderungen zu vermeiden*, muss das Bemühen treten, *Klimafolgen möglichst gut abzufedern*.

Das Buch möchte mit verbesserten Argumenten den Anstoß geben, die tatsächliche Herkunft des vielen CO_2 in der Atmosphäre in offener und detaillierter Diskussion zu klären. Weil die »etablierte Klimawissenschaft« die Diskussion ohnehin weitgehend verweigert, habe ich mir die größte Mühe gegeben, es auch für Nicht-Fachleute so verständlich wie möglich zu schreiben. Und ich möchte alle einladen, sich aktiv an der Diskussion zu beteiligen. »Wage es, zu wissen« war das Motto der Aufklärung. Ich möchte das ein klein wenig an die heutige Zeit anpassen: »Wage es, dir deine eigene Meinung zu bilden«. Ich hoffe, dass das mit diesem Buch etwas leichter fällt.

1 Einleitung

»Klima« ist der langjährige Durchschnitt von Wetter. Das Klima auf der Erde hat sich immer schon geändert, es hat sich in den letzten 150 Jahren geändert (es ist wärmer geworden) und es wird sich auch zukünftig ändern (wir wissen nur nicht, wohin!). Als Ausgangspunkt für Diskussionen des derzeitigen Klimas wird meist das Jahr 1850 genommen (der Weltklimarat IPCC nimmt sogar das Jahr 1750, aber der Unterschied ist nicht groß). Dabei ergeben sich jedoch drei Probleme: Erstens ist es nicht gesichert, dass 1850 Gleichgewicht geherrscht hat (was IPCC aber annimmt), zweitens ist 1850 auch das Ende der Kleinen Eiszeit (die ihren Höhepunkt ca. 1650 hatte) und drittens markiert 1850 auch den Anfang der Industriellen Revolution (die den Menschen erst in die Lage versetzt hat, zumindest theoretisch die CO_2-Konzentration nennenswert zu beeinflussen; ob er das auch tatsächlich getan hat, ist Gegenstand des Buches). Wir haben also eine unsichere Ausgangslage, wir wissen nicht, wie sich das Klima nach dem Ende der Kleinen Eiszeit »von selbst« entwickelt hätte und wir wissen nicht, wie stark der Mensch zur CO_2-Konzentrationserhöhung beigetragen hat.

In diesem Buch wird gezielt der letzte Punkt untersucht. Auf den kommt es auch an: Wenn die anthropogenen Freisetzungen tatsächlich untergeordnet sind, wenn also die Natur auch hier stärker ist als der Mensch, dann kann die Klimawirksamkeit des CO_2 so hoch sein wie sie will, die anthropogenen Freisetzungen *können trotzdem keinen nennenswerten Einfluss auf das Klima haben!* Der Forderung, die anthropogenen CO_2-Freisetzungen zu reduzieren, bricht dann schlichtweg die Grundlage weg. Es wird gezeigt, dass das höchstwahrscheinlich genauso ist.

2 Sachstand, was wir einigermaßen gesichert wissen

Wirklich messen können wir nur die CO_2-Konzentration in der Atmosphäre. Seit 1958 geschieht das kontinuierlich und sorgfältig, siehe Abb. 1. Der Anstieg verlief einigermaßen gleichmäßig entlang einer Exponentialkurve, überlagert durch jahreszeitliche Zyklen in der Höhe von ca. 6 ppm, die durch Fotosynthese der Pflanzen im Frühjahr und Sommer und Verrottung von Blättern und dergleichen im Herbst und Winter erklärt werden, mit Schwerpunkt auf der Nordhalbkugel. Einigermaßen genau bekannt sind auch noch die anthropogenen Freisetzungen, die hauptsächlich infolge der Verbrennung fossiler Energieträger erfolgen. Andere CO_2-Flüsse können nur grob abgeschätzt werden.

Für die nachfolgenden Überlegungen sind insbesondere die folgenden fünf Aussagen wichtig:

2.1 Vor Beginn der Industriellen Revolution etwa Mitte des 19. Jahrhunderts waren in der Atmosphäre ca. 280 ppm CO_2 enthalten (0,028 %).

2.2 Jährlich wurde etwa ein Viertel des CO_2-Inventars der Atmosphäre zwischen dieser und dem Ozean und der Biomasse ausgetauscht (»natürliche Umwälzung«). Dieser Wert ist nur grob bekannt: (IPCC, 2013) gibt ca. 80 ppm/a an, mit einer Unsicherheit von »mehr als ± 20 %«. Entnahme und Rückgabe müssen aber gleich groß gewesen sein, wenn Gleichgewicht geherrscht haben soll.

2.3 Zu diesen natürlichen Freisetzungen von ca. 80 ppm/a sind als Folge der Industrialisierung noch die anthropogenen CO_2-Freisetzungen hinzugekommen. Heute betragen diese etwas mehr als 4 ppm/a. Außerdem haben sich auch noch andere Parameter geändert, z. B. ist es wärmer geworden.

2.4 Heute sind ca. 410 ppm CO_2 in der Atmosphäre vorhanden und die Konzentration wächst jährlich um ca. 2 ppm weiter.

2.5 Der allmähliche Anstieg der CO_2-Konzentration in der Atmosphäre wird durch jahreszeitliche Zyklen in der Höhe von ca. 6 ppm überlagert (Abb. 1).

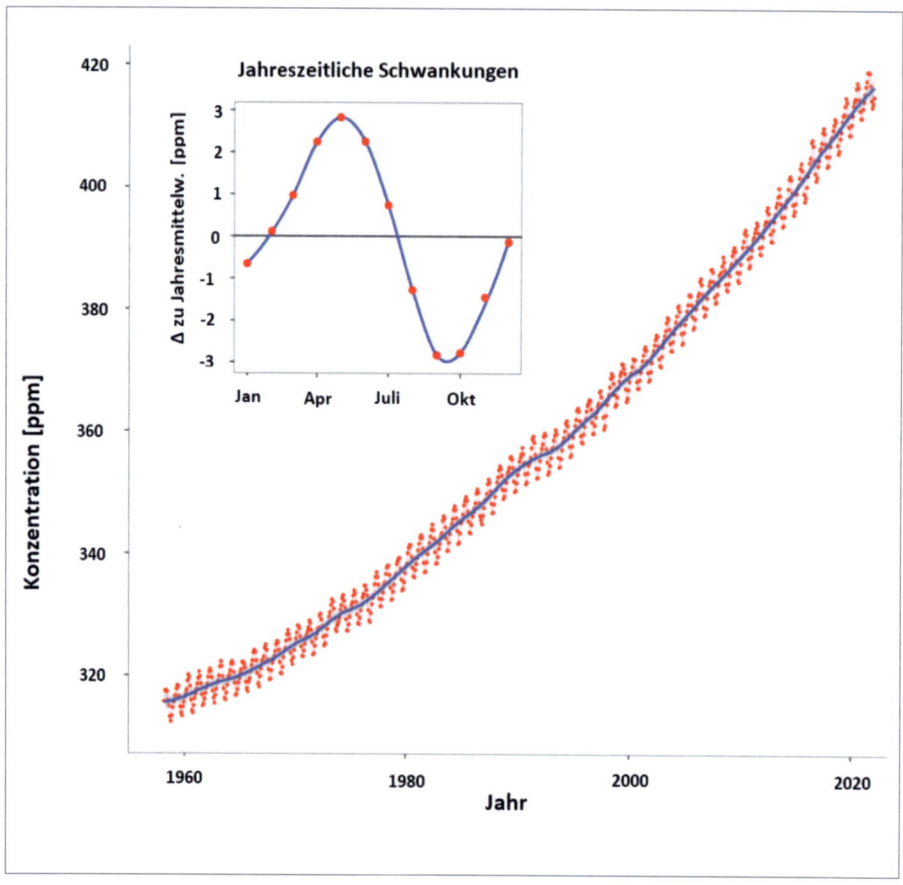

Abb. 1: Entwicklung der CO_2-Konzentration in der Atmosphäre 1958–2021: *Kontinuierlicher Anstieg, Überlagerung durch jahreszeitliche Zyklen; gemessen auf dem Mauna Loa, Hawaii. Quelle: Wikipedia (https://creativecommons.org/licenses/by-sa/3.0/).*

Anmerkung: CO_2-Mengen können entweder als Zahl der Moleküle oder als Masse in kg oder t angeben werden, wobei oft auch nur die Masse des im CO_2 enthalten C angegeben wird (Umrechnungsfaktor 3,66). Man kann CO_2-Mengen aber auch aus der Relation von Inventar und Konzentration in der Atmosphäre angeben: 1 ppm Konzentration (in der Atmosphäre) entspricht 2,13 Gt C bzw. 7,8 Gt CO_2. Wendet man diese Einheit »ppm« auf CO_2-Flüsse oder auf CO_2-Inventare in anderen Reservoiren an, muss man berücksichtigen, dass sie die Menge angibt, die *in der Atmosphäre diese Konzentration ergibt.*

3 Interpretation und Schlussfolgerungen durch IPCC

Die grundlegende Annahme von IPCC wird in Ziff. 3.1 wiedergegeben und die wichtigsten daraus gezogenen Schlussfolgerungen werden in den Ziff. 3.2 bis 3.4 genannt (IPCC, 2007, 2013, 2018, 2021):

3.1 *Feste »airborne fraction«:* Den Anstieg der CO_2-Konzentration um ca. 2 ppm/a bei anthropogenen Freisetzungen von ca. 4 ppm/a *interpretiert IPCC als Verbleib von etwa der Hälfte der anthropogenen Freisetzungen in der Atmosphäre.* Und das ist, wieder nach IPCC, nicht zufällig so, sondern *es gilt immer*, sodass sich eine *feste »airborne fraction«* von ca. 50 % ergibt, unabhängig von der Höhe der anthropogenen Freisetzungen und unabhängig von der erreichten Konzentration.

Solche Aussagen macht IPCC oft, als Beispiel sei eine Formulierung aus (IPCC, 2021) zitiert: »Over the past six decades, the average fraction of anthropogenic CO_2 emissions that has accumulated in the atmosphere (referred to as the airborne fraction) has remained nearly constant at approximately 44 %« (übersetzt: »Über die letzten sechs Jahrzehnte ist der mittlere Anteil der anthropogenen CO_2-Emissionen, der sich in der Atmosphäre angesammelt hat (als »airborne fraction« bezeichnet) angenähert gleich bei ca. 44 % geblieben«). Als Folge der festen airborne fraction ist der Anstieg der Konzentration von 280 auf 410 ppm ausschließlich auf die anthropogenen Freisetzungen zurückzuführen. So sieht das jedenfalls IPCC. Hierzu wieder beispielhaft eine Formulierung aus (IPCC, 2021): »It is unequivocal that the increase of CO_2 … in the atmosphere over the industrial era is the result of human activities« (übersetzt: »Es ist unwidersprochen, dass die Zunahme von CO_2 … in der Atmosphäre im Industriezeitalter das Resultat menschlicher Aktivitäten ist«).

Ergänzung: Dieses »50%-Modell« geht, wie der Name sagt, vom Zuwachs der Konzentration um die Hälfte der anthropogenen Freisetzungen aus. IPCC und auch viele andere Wissenschaftler verwenden es sehr häufig. Der genaue Wert schwankt zwar in den einzelnen Arbeiten ein klein wenig (oben habe ich 44% zitiert), doch sind die Abweichungen zu 50% immer nur klein. Davon zu unterscheiden ist ein anderes Modell, das von IPCC vor allem für verfeinerte Rechnungen eingesetzt wird und nach einer Forschergruppe aus Bern »Bern Carbon Cycle Model« genannt wird. Auf Besonderheiten dieses Modells wird in Ziff. 6.16 näher eingegangen. Hier sie nur vorweg gesagt, dass bei diesem Modell nicht ca. 50% der anthropogenen Freisetzungen langfristig in der Atmosphäre verbleiben, sondern nur ca. 20% (IPCC, 2007).

3.2   *Steigende Konzentration:* Weil immer ca. 50% verbleiben, steigt die CO_2-Konzentration *immer weiter*, solange die anthropogenen Freisetzungen *nicht vollständig eingestellt werden.*

3.3   *Steigende Erwärmung:* Weil CO_2 der *entscheidende Klimafaktor* ist, steigt mit der Konzentration auch die *Klimaerwärmung immer weiter an.* Die anthropogenen Freisetzungen müssen daher unbedingt *auf null reduziert werden* (»zero carbon«).

3.4   *Festes CO_2-Budget:* Als Folge des obigen entspricht einer jeden vorgegebenen Klimagrenze, z. B. Erwärmung um maximal 2°C, eine bestimmte CO_2-Konzentration in der Atmosphäre und dieser Konzentration entspricht eine bestimmte Gesamtmenge an anthropogen freigesetztem CO_2 (*»festes CO_2-Budget«*). Dieses »feste CO_2-Budget« darf, unabhängig von der zeitlichen Verteilung der Freisetzungen, *nicht überschritten* werden, wenn die Grenze eingehalten werden soll.

Zur Klarstellung: Das »feste CO_2-Budget« ist beim Bern Carbon Cycle Model infolge des geringeren Verbleibs natürlich deutlich größer als beim »50%-Modell«, aber die Problematik ist grundsätzlich die gleiche.

4 Die Missing Sink

Die grundlegende Annahme von IPCC ist Ziff. 3.1: *Die Entnahme von CO_2 aus der Atmosphäre ist abhängig von der Freisetzung in die Atmosphäre!* Es wird immer etwa die Hälfte der anthropogenen Freisetzungen relativ rasch wieder der Atmosphäre entnommen, die andere Hälfte verbleibt langfristig in ihr. Das gilt unabhängig von der Freisetzungshöhe und von der bereits erreichten Konzentration. Die Ziff. 3.2 bis 3.4 sind nur Schlussfolgerungen daraus.

Die Ursache dieser Interpretation liegt weit zurück: Schon früh hatte man festgestellt, dass das anthropogen freigesetzte CO_2 nicht einfach in der Atmosphäre verbleibt. Die Konzentration wuchs vielmehr nur halb so schnell, wie sie aufgrund der Freisetzungen hätte wachsen müssen. Offensichtlich wurde CO_2 auch wieder aus der Atmosphäre entnommen. Und weil in der Wissenschaft ein »Missing Link« gerade Hochkonjunktur hatte, sprach man, Humor war damals noch keine Seltenheit, beim CO_2 von einer »Missing Sink«. Dieser »Missing Sink« galt die Aufmerksamkeit, die wurde gesucht. Natürlich kamen hierfür nur der Ozean und die Biomasse in Frage. Aber wer nimmt durch welchen Prozess wie viel auf? Das wollte man klären.

Dass aber die Hälfte entnommen wird (und die andere Hälfte verbleibt), das galt als abgehakt. Diese Überzeugung hat sich immer mehr verfestigt. Heute lehnen es die meisten Klimaforscher rundweg ab, darüber überhaupt nachzudenken. *4 ppm/a Freisetzung und 2 ppm/a Anstieg sagen doch alles!* Da gibt es nichts mehr zu diskutieren! Nur ist eine Überzeugung noch kein Beweis, auch wenn sie weit verbreitet ist.

Anmerkung: Das Bern Carbon Cycle Model mit nur ca. 20 % Verbleib ist erst später dazugekommen. Der Unterschied zwischen den beiden Modellen wird überraschend normalerweise einfach nicht angesprochen (zumindest konnte ich in der gesamten durchgesehenen Literatur von IPCC keine ernsthafte Diskussion hierzu finden). Wenn aber eines der beiden Modelle notgedrungen falsch sein muss, *dann können auch beide falsch sein.* Das gilt es zu diskutieren.

5 Gegenargumente zu IPCC

Die Interpretation und die Schlussfolgerungen von IPCC gemäß Ziff. 3 finden in der Literatur nicht nur Zustimmung, z. B. (Beppler, 2020), (Berry, 2019), (Harde 2017), (Harde, 2019), (Harde, 2021), (Roth, 2019), (Roth, 2020), (Salby, 2018), (Vahrenholt, 2020). Allerdings wird die Diskussion nur selten aufgegriffen. Als eine der wenigen Ausnahmen möchte ich (Köhler, 2018) zitieren. Nur leider ist diese Diskussion dann nicht mehr fortgesetzt worden.

Aber Diskussionen zu fördern, ist ja der Zweck dieses Buches. Ich möchte daher einige mir besonders wichtig erscheinende Argumente gegen die Interpretation und die Schlussfolgerungen von IPCC zunächst zum Überblick in Kurzform vorstellen, detailliertere Begründungen und Diskussionen kommen dann anschließend (Ziff. 6):

5.1 Für seine grundlegende Ansicht, dass immer derselbe Prozentsatz der anthropogenen CO_2-Freisetzungen in der Atmosphäre verbleibt, unabhängig von der erreichten Konzentration und unabhängig von der Höhe der Freisetzungen, benennt IPCC *kein physikalisches Gesetz* (zumindest konnte ich keine solche Benennung finden)! Nach den Regeln der Physik geht das auch gar nicht: Die Entnahme von CO_2 aus der Atmosphäre *muss sich vielmehr nach der Konzentration richten und sie muss unabhängig von der gleichzeitigen Freisetzung in die Atmosphäre sein.* Damit entfällt nach menschlichem Ermessen die Basis-Annahme von IPCC (Ziff. 3.1) und mit ihr werden zwangsweise auch die daraus gezogenen Schlussfolgerungen hinfällig (Ziff. 3.2 bis 3.4)!

5.2 Infolge der hohen natürlichen Umwälzung und deren Abhängigkeit von der Konzentration *kann die Konzentration nur in dem Maße zunehmen, in dem die (gesamten) Freisetzungen erhöht werden.* Die hinzugekommenen anthropogenen Freisetzungen von 5 % können die Konzentration daher auch nur um 5 % erhöht haben. Tatsächlich ist sie aber um 50 % angestiegen, also müssen auch die (gesamten) Freisetzungen *um 50 % angestiegen sein!* Auch das macht die Basis-Annahme und alle Schlussfolgerungen von IPCC höchstwahrscheinlich ungültig!

5.3   Weil die Konzentration laufend um ca. 2 ppm/a steigt, müssen auch die Freisetzungen laufend erheblich steigen. Die anthropogenen Freisetzungen steigen hierfür *deutlich zu langsam.* Daher muss der Großteil des Wachstums aus natürlichen Quellen beigesteuert werden. Basis-Annahme und Schlussfolgerungen von IPCC sind daher höchstwahrscheinlich ungültig!

5.4   Die jahreszeitlichen Zyklen der CO_2-Konzentration in der Höhe von ca. 6 ppm (Abb. 1) *können nur zustande kommen,* wenn in Herbst und Winter durch Verrotten von Blättern und dergleichen mindestens 6 ppm in die Atmosphäre freigesetzt werden. Zusammen mit den anthropogenen Freisetzungen von ca. 4 ppm/a werden pro Jahr daher mindestens 10 ppm freigesetzt. Die Konzentration wächst aber nur um ca. 2 ppm/a. Es müssen daher jährlich mindestens 80 % der Freisetzungen wieder entnommen werden. Basis-Annahme und Schlussfolgerungen von IPCC sind daher höchstwahrscheinlich ungültig!

5.5   Weil das Klima unstrittig wärmer geworden ist und das ebenso unstrittig zum Ausgasen von CO_2 aus dem Ozeanwasser führen muss, kann die IPCC-Annahme, die anthropogenen Freisetzungen sind die *einzige* Ursache des Konzentrationsanstieges (Ziff. 3.1), wohl *auf keinen Fall stimmen.* Damit entfallen auch alle Schlussfolgerungen daraus (Ziff. 3.2 bis 3.4).

5.6   Wenn die anthropogenen CO_2-Freisetzungen auf dem heutigen Wert (ca. 4 ppm/a) eingefroren werden (und die natürlichen Freisetzungen konstant bleiben), dann strebt die Konzentration in der Atmosphäre *rasch einem Gleichgewichtswert zu und wächst anschließend nicht mehr weiter! Es gibt daher weder ein »festes CO_2-Budget«, noch ist »zero carbon« erforderlich.* Den Ziff. 3.2 bis 3.4 entfällt die Basis.

5.7 Selbst wenn CO_2 der entscheidende Klimafaktor sein sollte (Ziff. 3.3), kann eine Reduktion der anthropogenen Freisetzungen die Klimaerwärmung *nur dann* ernsthaft reduzieren, wenn diese Freisetzungen *Hauptursache des vielen CO_2 in der Atmosphäre* sind. Sind sie aber höchstwahrscheinlich nicht, wie in diesem Buch gezeigt wird. Eine Reduktion der anthropogenen CO_2-Freisetzungen ist daher so gut wie sicher *nicht erforderlich*, eine Reduktion auf null natürlich *erst recht nicht!* Die Ziff. 3.2 bis 3.4 sind aller Wahrscheinlichkeit nach falsch.

6 Diskussion im einzelnen

6.1 Vorbemerkungen

CO_2 in der Atmosphäre ist die Grundlage für alles Leben auf der Erde. Ohne CO_2 würde es auch uns Menschen nicht geben. Entwickelt hat sich das Leben auf der Erde bei einer sehr viel höheren Konzentration von CO_2, als wir sie heute haben. Insofern leben wir heute in einer »CO_2-Defizit-Situation«. Und es scheint das Schicksal der Erde zu sein, dass die CO_2-Konzentration allmählich immer niedriger wird (Überführung von Kohlenstoff aus der Atmosphäre in Gesteine, »langfristiger Kohlenstoffkreislauf«). Viele Forscher halten es für durchaus wahrscheinlich, dass es einmal eine *zu geringe CO_2-Konzentration* sein wird, die das Leben auf der Erde beendet. Insofern könnten unsere CO_2-Freisetzungen zu einer Verlängerung der Lebensspanne auf der Erde führen (was aber natürlich keine Bedeutung für die aktuelle Klimadiskussion hat, da reden wir über sehr viel kürzere Zeiträume).

CO_2 hat also unbestreitbar seine guten Seiten. Aber CO_2 hat genauso zweifelsfrei auch *Einfluss auf das Klima* der Erde. Das bestreitet praktisch niemand. Nur, *wie groß* dieser Einfluss ist, also wie stark klimawirksam das CO_2 ist, das ist umstritten. Mehr noch, umstritten ist auch, welches Klima für die Menschheit insgesamt wirklich das beste ist, ob also der Klimaeinfluss des CO_2 unter dem Strich überhaupt negativ und nicht vielleicht sogar doch positiv ist. Beides wird in diesem Buch aber nicht näher behandelt. Gegenstand des Buches ist vielmehr die ebenfalls umstrittene Frage, *woher denn der starke Anstieg von CO_2 in der Atmosphäre überhaupt kommt*. Die CO_2-Konzentration ist allgemein anerkannt von vorindustriell ca. 280 ppm auf heute ca. 410 ppm gestiegen und sie steigt, ebenso allgemein anerkannt, laufend um ca. 2 ppm/a weiter. Nach Ansicht von IPCC ist das *ausschließlich* die Folge der (kleinen) anthropogenen Freisetzungen: Von denen verbleiben immer ca. 50 % (jedenfalls ein fester %-Satz) in der Atmosphäre, meint IPCC (Ziff. 3.1).

Das stimmt nicht, sagen andere, das viele CO_2 kommt überwiegend *aus verstärkter natürlicher Freisetzung* (Ziff. 5). Bei diesem Gegensatz aufklärend zu wirken, das will dieses Buch versuchen.

Zu diesem Zweck werden hier in Ziff. 6 viele wichtige Argumente detaillierter diskutiert. Ausgangspunkt für die quantitativen Überlegungen sind dabei die IPCC-Angaben über das vorindustrielle Gleichgewicht. Aus diesen wird im ersten Schritt ermittelt, welche *Entnahme* von CO_2 aus der Atmosphäre sich *bei welcher CO_2-Konzentration* in der Atmosphäre (den einzigen, wirklich gemessenen Werten!) einstellt. Aus der Entnahme ergibt sich dann im zweiten Schritt, welche Freisetzung von CO_2 in die Atmosphäre *erfolgen muss*, um die entsprechende Konzentration überhaupt erreichen bzw. aufrechterhalten zu können. Und unter Berücksichtigung der laufenden Konzentrationsänderung lässt sich dann schließlich die heute *insgesamt notwendige Freisetzung* errechnen. Damit ist dann die Bilanz der Atmosphäre geklärt. Das Vorgehen wird detailliert beschrieben. Weitere Sachpunkte runden die Diskussion ab.

Es wird sich zeigen, dass die IPCC-Erklärung für die Zunahme der CO_2-Konzentration physikalisch schwer zu begründen ist, die Gegenargumente aber sehr wohl physikalisch plausibel sind.

6.2 Der Kohlenstoffkreislauf

In der Literatur wird zwischen dem »langfristigen Kohlenstoffkreislauf« und dem »kurzfristiger Kohlenstoffkreislauf« unterschieden. Der »langfristige Kohlenstoffkreislauf« besteht im Wesentlichen aus der Umlagerung von Kohlenstoff aus der Atmosphäre in Gesteine mit teilweisem Rücktransport über Plattentektonik und vulkanische Tätigkeiten. Mit seinen langen Zeitkonstanten im Bereich von Jahrmillionen spielt er für die aktuelle Klimadiskussion keine Rolle.

Als »kurzfristiger Kohlenstoffkreislauf« wird demgegenüber der Kohlenstoff-Austausch vor allem zwischen den drei Speichern Atmosphäre, Ozean (Hydrosphäre) und Biomasse (Biosphäre) bezeichnet, der prinzipiell wesentlich schneller abläuft und daher auch für die aktuelle Klimadiskussion (Klimaentwicklung in Jahrzehnten bis Jahrhunderten) von Bedeutung ist. Allerdings ist dieser »kurzfristige Kohlenstoffkreislauf« kein Kreislauf durch diese drei Speicher hintereinander, sondern er zerfällt grundsätzlich in zwei Teilkreisläufe, nämlich einen zwischen der Atmosphäre und dem Ozean und einen zweiten zwischen der Atmosphäre und der Biomasse. Außer der Atmosphäre als gemeinsamem Speicher haben diese beiden Kreisläufe nur wenig Austausch untereinander und im Gleichgewicht sind sie *jeweils für sich* ausgeglichen. Außerdem sind sie eigentlich auch gar keine Kreisläufe im üblichen Verständnis des Wortes, sondern eher nur Wechselwirkungen mit gleichzeitig ablaufenden Hin- und Rücktransporten von CO_2, die zum Teil nur schwach aneinander gekoppelt sind (gilt vor allem für den Ozean, wie noch gezeigt werden wird).

In den drei Speichern des »kurzfristigen Kohlenstoffkreislaufes« kommt der Kohlenstoff in unterschiedlichen Formen vor: In der Atmosphäre als gasförmiges CO_2, im Ozean als gelöstes CO_2, das sich im Wasser aber größtenteils in (ebenfalls gelöstes) Karbonat und Bikarbonat umwandelt, und in der Biomasse als organische Kohlenstoffverbindungen, die durch Fotosynthese aus CO_2 gebildet werden. Die gespeicherte Kohlenstoffmenge ist im Ozean mit Abstand am größten und in der Atmosphäre ist sie am kleinsten. Im Ozean ist sie rund 50-mal größer und in der Biomasse einschließlich Boden ist sie rund doppelt so groß wie in der Atmosphäre (IPCC, 2021). Die fossilen Energieträger (Kohle, Öl und Gas) und der Permafrost enthalten jeweils ganz grob etwa gleich viel Kohlenstoff wie die Atmosphäre (IPCC, 2021). Diese beiden Kohlenstoffmengen nehmen normalerweise am »kurzfristigen Kohlenstoffkreislauf« nicht teil, aus ihnen kann aber durch Freisetzung in die Atmosphäre CO_2 in diesen Kreislauf eingespeist werden.

Von minimalen Mengen abgesehen (z. B. durch Gesteinsverwitterung), geht alles CO_2, das der Atmosphäre entnommen wird, in den Ozean oder in die Biomasse. Diese beiden Entnahmen [Menge pro Zeiteinheit] starten zwar aus der gleichen Atmosphäre, sind ansonsten aber völlig unabhängig voneinander. Sie sind auch unabhängig davon, ob und wie viele CO_2-Moleküle gleichzeitig in die Atmosphäre freigesetzt werden (und auch unabhängig davon, woher diese Moleküle kommen)! Das unterscheidet die »Entnahme« (von CO_2-Molekülen) von der »Netto-Entnahme«, bei der die zugeführten (freigesetzten) Moleküle den entnommenen Molekülen gegengerechnet werden. Dort, wo Atmosphäre und Ozean bzw. Biomasse die gleiche CO_2-Konzentration (eigentlich den gleichen Partialdruck) haben, ist die »Netto-Entnahme« null, die »Entnahme« ist aber auch dort prinzipiell proportional zur Konzentration (mehr dazu kommt noch)!

Anmerkung: Im Speicher »Biomasse« wird der Kohlenstoff, wie gesagt, in organischen Kohlenstoffverbindungen gespeichert. Den Kohlenstoffaustausch zwischen Biomasse und Atmosphäre kann man aber grundsätzlich so beschreiben, als wäre auch in der Biomasse der Kohlenstoff als CO_2 gespeichert und die Wechselwirkung mit der Atmosphäre von der CO_2-Konzentration abhängig. Die »CO_2-Konzentration in der Biomasse« wird hier in diesem Sinne verwendet.

6.3 Speicher-Grundgesetze

Für jeden Speicher von CO_2, bei dem die *Entnahme* von CO_2 aus dem Speicher (die Entnahme insgesamt, nicht die Netto-Entnahme!) *mit der Konzentration im Speicher wächst*, gelten 4 Gesetze, die man als »Speicher-Grundgesetze« bezeichnen könnte:

6.3.1 In einem Speicher stellt sich *immer die Konzentration* ein, bei der die Entnahme von CO_2 aus ihm gleich groß ist wie die Freisetzung von CO_2 in ihn! Konsequenz: Bei konstanter Freisetzung *stellt sich immer ein Gleichgewicht ein*, eben dort, wo die Entnahme gleich groß ist wie die Freisetzung!

6.3.2 Die (momentane) *Entnahme* von CO_2 aus einem Speicher ist *unabhängig* davon, ob und wie viel CO_2 gleichzeitig in ihn freigesetzt wird (zur Klarstellung: Gilt für die *Entnahme*, nicht für die *Netto-Entnahme*).

6.3.3 Die (Gleichgewichts-)Konzentration in einem Speicher wird durch die *Höhe der Freisetzungen* in ihn bestimmt (zur Klarstellung: Gilt für jeden Speicher einzeln, unterschiedliche Speicher können bei gleicher Freisetzung natürlich unterschiedliche Konzentrationen haben).

6.3.4 Die Konzentration in einem Speicher ändert sich immer genau *in dem Maße*, in dem sich die (gesamte) Freisetzung in diesen Speicher und die (gesamte) Entnahme aus diesem Speicher unterscheiden (Massenbilanz!).

6.4 Grundsätzliches zum Verhalten von CO_2 in der Atmosphäre

Von den drei Speichern im kurzfristigen Kohlenstoffkreislauf hat die Atmosphäre insofern eine Sonderstellung, als sie durch Wind und Wetter *immer gut durchmischt* ist. Dadurch herrscht in ihr überall *die gleiche CO_2-Konzentration*. Nicht exakt, räumlich und zeitlich begrenzt gibt es durchaus beachtliche Abweichungen, aber im Großen und Ganzen stimmt »die gleiche Konzentration überall in der Atmosphäre« sehr wohl. Der Ozean wird demgegenüber nur sehr langsam durchmischt (langsame Meeresströmungen!), die Biomasse so gut wie gar nicht. In beiden können daher räumlich stark unterschiedliche Konzentrationen vorhanden sein.

Wichtig ist noch, dass CO_2 in der Atmosphäre prinzipiell ein *inertes* Gas ist. D. h., es unterliegt hier keinen chemischen Umwandlungen. Es verschwindet daher in der Atmosphäre kein CO_2 und es kommt in ihr auch kein neues CO_2 hinzu (abgesehen von unbedeutenden Minimalmengen, etwa durch Umwandlungen aus Ruß oder Methan). Alle CO_2-Moleküle in der Atmosphäre sind von außen in sie eingebracht worden und können sie auch wieder verlassen. Das Einbringen von CO_2 in die Atmosphäre (»Freisetzung«) kann durch Diffusionsprozesse, z. B. aus dem Ozeanwasser, oder durch makroskopische Gasfreisetzung, z. B. bei Vulkanausbrüchen oder durch Verbrennung fossiler Energieträger, erfolgen. Die Entnahme erfolgt, von kleinen Ausnahmen abgesehen (wie z. B. durch Regen), generell durch Diffusionsprozesse.

Bei sonst gleichen Randbedingungen werden der Atmosphäre umso mehr CO_2-Moleküle pro Zeiteinheit entnommen, *je höher die Konzentration* dieser Moleküle in ihr ist (Brutto-Entnahme!). Die Speicher-Grundgesetze 6.3.1 bis 6.3.4 gelten daher uneingeschränkt. In der Atmosphäre stellt sich daher *immer die CO_2-Konzentration ein*, bei der die Entnahme gleich groß ist wie die Zufuhr! Dann herrscht (Fließ)Gleichgewicht. Das heißt, es wird zwar laufend CO_2 zugeführt, *aber die Konzentration ändert sich nicht*, weil genau gleich viel abgeführt wird. Man denke an einen Wasserbehälter mit Zufluss von oben und Abfluss durch ein Loch im Boden (Abb. 2): Es stellt sich *der* Wasserstand ein, bei dem durch das Loch unten genauso viel Wasser abfließt, wie oben zufließt. Und weil das Wasser fließt, spricht man von »Fließgleichgewicht«. Im Wasserbehälter wie in der Atmosphäre verändern sich der Wasserstand bzw. die CO_2-Konzentration immer nur entsprechend der (momentanen) Differenz zwischen der Summe aller Zuflüsse und der Summe aller Entnahmen. (Anmerkung: Qualitativ verhalten sich die Atmosphäre und der Wasserbehälter gleich, quantitativ ergeben sich jedoch Unterschiede, weil die Entnahmen bei der Atmosphäre proportional zur Konzentration erfolgt, beim Wasserbehälter aber proportional zur Wurzel aus dem Wasserstand).

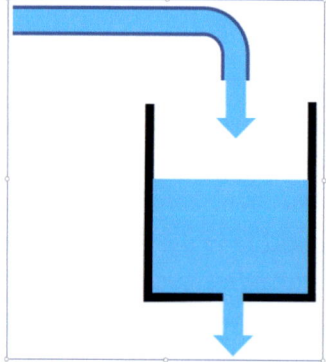

Abb. 2: Fließgleichgewicht: *Der Wasserstand stellt sich so ein, dass der Abfluss gleich groß ist wie der Zufluss.*

Daraus können weitere wesentliche Aussagen zum Verhalten der Atmosphäre hinsichtlich CO_2 abgeleitet werden:

- Weil die Entnahme sehr hoch ist (etwa ein Viertel des Inventars innerhalb eines Jahres!), stellt sich das genannte (Fließ)Gleichgewicht *immer sehr rasch ein*, innerhalb weniger Jahre, bzw. laufen auch transiente Vorgänge immer relativ *nahe am Gleichgewichtszustand* ab (nur geringer Unterschied zwischen Freisetzung und Entnahme!). Ein länger anhaltendes Steigen der Konzentration gibt es nur, *solange auch die Freisetzung steigt!*

- Maßgeblich ist stets die *Freisetzung* von CO_2 in die Atmosphäre. Die kommt gewissermaßen von außen auf die Atmosphäre zu und dann *bestimmt sie*, egal, woher sie kommt, welche Konzentration sich in der Atmosphäre einstellt: Eben die, bei der die Entnahme gleich groß ist wie die Freisetzung (jeweils alle Wege zusammengenommen). Ergänzung: Wenn bei konstanter Freisetzung die Entnahme verändert wird, dann stellt sich die Konzentration gleichfalls so ein, dass Freisetzung und Entnahme gleich groß sind.

- Weil die Entnahme und die Freisetzung immer gleich groß sind (jedenfalls im Gleichgewicht), sind entweder *beide* proportional zur Konzentration oder keine von beiden.

- Diese Proportionalität zur Konzentration gilt aber, wenn sie überhaupt gilt, nur für die Freisetzung und die Entnahme als *Flussgrößen* [Anzahl von CO_2-Molekülen pro Sekunde] und nicht für Freisetzungs- oder Entnahme*mengen* [Gesamtzahl der CO_2-Moleküle] über einen längeren Zeitraum hinweg, z. B. seit Beginn der Industrialisierung bis heute. In diese Mengen gehen sehr viel mehr Parameter ein, die sich im Laufe der Zeit auch ändern können, z. B. auch das Größenverhältnis der Atmosphäre zu ihren Quellen und Senken. Für die Mengen tritt Proportionalität höchstens *zufälligerweise* auf, für die Flüsse gilt sie *grundsätzlich*.

Anmerkung: Diese Aussagen gelten *unabhängig von den Eigenschaften der Quellen und Senken*. Allerdings gelten sie prinzipiell nur für relativ kurze

Zeiträume, bei längerfristiger Betrachtung können sich zunehmend Abweichungen ergeben. Speziell dann, wenn ein Teil des freigesetzten CO_2 nicht aus dem »kurzfristigen Kohlenstoffkreislauf« (z. B. durch Ausgasen aus dem Ozean) stammt, sondern von außen eingebracht wird (z. B. aus Vulkanen oder durch die Verbrennung fossiler Energieträger). Denn dann wird die Gesamtmenge im »kurzfristigen Kohlenstoffkreislauf« erhöht und verstellt dadurch die Randbedingungen. Weil aber die Freisetzungen »aus diesem kurzfristigen Kohlenstoffkreislauf« bei allen realistischen Szenarien weit gegenüber denen »von außen« überwiegen (immer alle entsprechenden Freisetzungen zusammengezählt!) und weil vor allem im Ozean riesige Kohlenstoffmengen gespeichert sind, das Anwachsen der Menge also nur sehr langsam geht, spielt das zumindest bei einem Zeithorizont von einigen Jahrzehnten bis wenigen Jahrhunderten keine große Rolle.

6.5 Natürliche Umwälzung

6.5.1 Entstehung

Der Atmosphäre wird CO_2 vor allem durch zwei Senken entnommen: Durch die Biomasse per Fotosynthese (Einspeicherung in Form von organischen Verbindungen) und durch den Ozean per Lösung in kaltem Wasser (mit anschließend weitgehender Umwandlung in ebenfalls gelöstes Karbonat und Bikarbonat). Beide Speicher entnehmen aber nicht nur, sondern sie geben auch CO_2 an die Atmosphäre zurück (Freisetzung), und zwar die Biomasse per Respiration und Verrottung und der Ozean per Ausgasen in warmen Gegenden. Auf diese Art werden zwischen der Atmosphäre einerseits und dem Ozean und der Biomasse andererseits kontinuierlich große Mengen von CO_2 ausgetauscht (»natürliche Umwälzung«, Ziff. 2.2). Aber, das muss nochmals betont werden, *in zwei getrennten* und – abgesehen vom gemeinsamen Speicher »Atmosphäre« – nur sehr wenig miteinander verbundenen Kreisläufen.

Was treibt diese »natürliche Umwälzung« an? Ursache ist – und das gilt für beide Kreislaufe – die schon erwähnte *Besonderheit der Atmosphäre*, durch Wind und Wetter immer *gut durchmischt* zu sein und daher überall praktisch *die gleiche CO$_2$-Konzentration* zu haben (Ziff. 6.4). Gleiche Konzentration in der Atmosphäre heißt natürlich gleicher Partialdruck. Der Ozean ist dagegen *viel schlechter* durchmischt, die Biomasse so gut wie gar nicht. Dadurch gibt es in manchen Regionen der Welt (mit starken örtlichen und jahreszeitlichen Schwankungen) *erhebliche Unterschiede* im CO$_2$-Partialdruck zwischen der Atmosphäre (überall gleich) und dem Ozean bzw. der Biomasse (stark unterschiedlich, in manchen Regionen höher als in der Atmosphäre, in anderen niedriger). Solche Unterschiede will die Natur immer ausgleichen! Dazu gibt die Atmosphäre CO$_2$ ab, wo sie mehr hat (höherer Partialdruck) als der Ozean bzw. die Biomasse, und sie nimmt CO$_2$ auf, wo sie weniger hat (niedrigerer Partialdruck). *Abgabe hier, Aufnahme dort, das ist Umwälzung* (»natürliche Umwälzung«). Innerhalb von ca. vier Jahren wird das gesamte Inventar der Atmosphäre einmal ausgetauscht (Ziff. 2.2, an die erhebliche Unsicherheit der quantitativen Angabe sei nochmals erinnert).

In Abb. 3 ist das schematisch für die Wechselwirkung der Atmosphäre mit dem Ozean dargestellt: In der Atmosphäre ist die CO$_2$-Konzentration praktisch überall gleich (rote durchgezogene Linie), während die CO$_2$-Partialdrücke im Ozean starke räumliche (und auch zeitliche) Unterschiede aufweisen. Das ist eine Folge der temperaturabhängigen Löslichkeit von CO$_2$ im Wasser: In warmen Zonen (Äquatornähe) ist die Löslichkeit gering und der Partialdruck hoch, in kalten Zonen (Polnähe) ist die Löslichkeit hoch und der Partialdruck nieder (blaue Kurve). In den warmen Zonen gast daher viel CO$_2$ aus dem Ozean aus, in den kalten Zonen diffundiert viel CO$_2$ aus der Atmosphäre in den Ozean (senkrechte schwarze Pfeile, durchgezogen). In Äquatornähe ist der Ozean also eine Quelle von CO$_2$ für die Atmosphäre, in Polnähe ist er eine Senke. *Quelle hier und Senke dort bedeuten Umwälzung!* Geschlossen wird der Kreislauf in der Atmosphäre sehr rasch durch die starke Verwirbelung und im Ozean ca. 500 bis 1000 Jahre verzögert(!) durch die langsamen Meeresströmungen in der Tiefsee (horizontale grüne Pfeile).

Bleibt noch zu klären, wie sich diese Umwälzung verändert, wenn sich die Konzentration von CO$_2$ in der Atmosphäre verändert, z. B. durch die Verbrennung fossiler Energieträger, oder durch irgendeinen anderen Prozess, für das Ergebnis ist die Ursache belanglos. Nehmen wir beispielhaft an, die

CO_2-Konzentration in der Atmosphäre wird schlagartig um 10 ppm erhöht (gestrichelte rote Linie). Dann steigt das Partialdruckgefälle zum Ozean in den kalten Zonen um 10 ppm und in den warmen Zonen nimmt das dort umgekehrt gerichtete Partialdruckgefälle um 10 ppm ab! Dadurch wird jetzt in den kalten Zonen mehr CO_2 aus der Atmosphäre ausgetragen und in den warmen Zonen wird weniger CO_2 zurückgeliefert (gestrichelte schwarze Pfeile). Die Umwälzung ist daher jetzt (als Folge der erhöhten Konzentration!) *nicht mehr ausgeglichen*, vielmehr wird durch sie jetzt *netto CO_2 aus der Atmosphäre entnommen!* Das wirkt der Störung entgegen und baut diese gegebenenfalls nach deren Beendigung wieder ab!

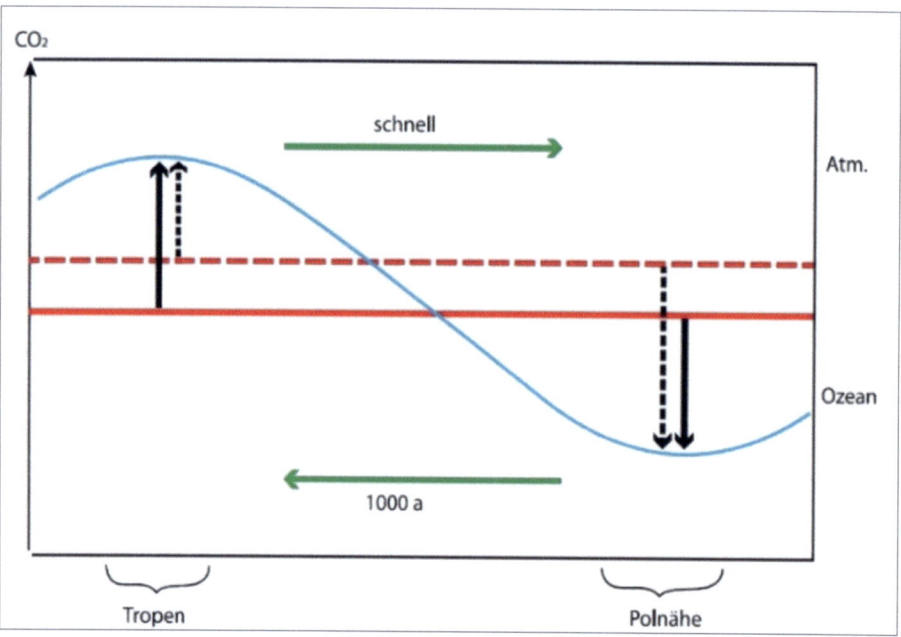

Abb. 3: Schematische Darstellung der CO_2-Umwälzung: *Rot: Partialdruck in der Atmosphäre, überall gleich. Blau: Partialdruck im Ozean, temperaturabhängig. Schwarze und grüne Pfeile: Kohlenstoffflüsse (in der Tiefsee um ca. 500 bis 1000 Jahre verzögert). Gestrichelt: Bei erhöhter CO_2-Konzentration in der Atmosphäre.*

Verstärkt werden die Umwälzung und deren Abhängigkeit von der Konzentration durch prinzipiell ähnliche Wechselwirkungen der Atmosphäre mit der Biomasse (Fotosynthese in der Wachstumsphase im Frühjahr und Sommer, Verrottung im Herbst und Winter; unterschiedlich in den beiden Hemisphären; mehr dazu in Ziff. 6.5.2). Insgesamt wird so, wie angegeben, jährlich etwa ein Viertel des CO_2-Inventars der Atmosphäre umgewälzt. Das ist 20-mal mehr als die anthropogenen Freisetzungen betragen!

Ergänzung: Es ist die Umwälzung, die den »kurzfristigen Kohlenstoffkreislauf« zu einem *Kreislauf* macht. Angetrieben wird dieser Kreislauf letztendlich durch Sonnenenergie, die die Energie für das Umpumpen im Kreislauf zur Verfügung stellt. Wenn der Kreislauf konstant läuft, dann sagen wir, dass er »*im Gleichgewicht*« ist. In diesem Gleichgewicht befindet sich die Atmosphäre in einem *Fließgleichgewicht*, in dem sich die CO_2-Konzentration in ihr so eingestellt hat, dass Zu- und Abfluss gerade gleich groß sind.

Anmerkung 1: In der Realität ist das alles natürlich viel komplizierter, weil wir nicht einfach eine warme Zone am Äquator und eine kalte Zone in Polnähe haben, sondern ein kompliziertes System von unterschiedlichen Temperaturverteilungen und von räumlich abgegrenzten, drei-dimensionalen Meeresströmungen. Auch bei der Biomasse haben wir ein kompliziertes und zeitabhängiges Zusammenspiel von Entnahme und Rückgabe (= Freisetzung) in unterschiedlichen Teilen der Welt. Das ändert aber nichts am grundlegenden Mechanismus, der für das Zustandekommen der Umwälzung von CO_2 zwischen der Atmosphäre und ihren Senken und für die Abhängigkeit dieser Umwälzung von einer Konzentrationserhöhung verantwortlich ist.

Anmerkung 2: Ist die Umwälzung ausgeglichen (Freisetzung und Entnahme gleich groß), beeinflusst sie die Konzentration nicht. Ist sie unausgeglichen, schon: Ist z. B. die Freisetzung um 2 ppm/a größer als die Entnahme, steigt die Konzentration um 2 ppm/a (jeweils alle Quellen bzw. Senken zusammengefasst).

Anmerkung 3: Je höher die Umwälzung, desto schneller laufen alle davon betroffenen Vorgänge ab. Darauf werden wir in Ziff. 6.13 nochmals ausführlicher zu sprechen kommen. Hier nur vorab so viel: Die Umwälzung wirkt sich sowohl auf die CO_2-Bilanz der Atmosphäre aus (*wie* verschiebt sich die

Konzentration?) als auch auf die CO_2-Entnahme aus der Atmosphäre (*wie schnell* erfolgt diese Entnahme?). Aber unterschiedlich: Auf die Bilanz hat *nur die Unausgewogenheit* der Umwälzung Auswirkungen, auf die Entnahme *nur die Entnahmerate!* Die Bilanz wird von der Umwälzung beeinflusst, wenn die Umwälzung *unausgewogen* ist, und sie wird nicht beeinflusst, wenn die Umwälzung *ausgewogen* ist. Die Zeitkonstante (Geschwindigkeit) für die Entnahme wird *immer* von der Umwälzung beeinflusst. Das folgt aus ihrer Definition. Mehr dazu in Ziff. 6.13.

Eine Klarstellung ist aber noch erforderlich: Die »nicht ausgeglichene natürliche Umwälzung« gilt genau genommen nur für die »alte Umwälzung«, aus den Bestandteilen, die schon vor der verstärkten Freisetzung (die erst zur Konzentrationserhöhung geführt hat) da waren, sich jetzt aber infolge der erhöhten Konzentration zumindest zum Teil verändert haben. Rechnet man die verstärkte Freisetzung mit dazu, dann ist die Umwälzung insgesamt natürlich weiterhin ausgeglichen (von transienten Vorgängen abgesehen). Wenn im Folgenden von der »unausgeglichenen natürlichen Umwälzung« gesprochen wird, dann ist damit diese »alte Umwälzung« gemeint, ohne Miteinrechnung der verstärkten Freisetzung.

6.5.2   Der Kreislauf zwischen Atmosphäre und Biomasse

Die Biomasse besteht grundsätzlich aus zwei Teilbereichen: den Pflanzen und den Tieren. Die Pflanzen entnehmen der Atmosphäre CO_2 per Fotosynthese, bauen den Kohlenstoff bei sich ein und geben durch Respiration und Verrotten auch wieder CO_2 an die Atmosphäre ab. Die Tiere decken ihren Kohlenstoffbedarf aus den Pflanzen (oder aus anderen Tieren) und geben ihrerseits durch Ausatmung und Verwesung CO_2 direkt an die Atmosphäre ab.

Die Fotosynthese der Pflanzen erfolgt generell durch Diffusionsprozesse und sie verläuft, alles andere gleich gelassen, grundsätzlich *proportional zur CO_2-Konzentration in der Atmosphäre* (Anwachsen der »Brutto-Primärproduktion«, »CO_2-Düngeeffekt«). Zumindest gilt das im Bereich bis zur heutigen Konzentration und für sehr viele Pflanzenarten gilt es auch darüber hinaus.

Das wird auch gezielt im industriellen Maßstab durch CO_2-Begasung in Gewächshäusern ausgenutzt (AIR LIQUIDE, 2013). Für die meisten Pflanzen wird das Optimum der Syntheseleistung erst bei einer CO_2-Konzentration oberhalb von ca. 1000 ppm erreicht (HBS).

Sieht man genauer hin, ergeben sich jedoch zwei Probleme, ein abschwächendes und ein verstärkendes: Erstens gilt die Proportionalität nur, wenn nicht andere Einflussfaktoren auf das Pflanzenwachstum einschränkend wirken, z.B. die Verfügbarkeit von Wasser oder von Nährstoffen. Diese Einschränkung wird jedoch abgemildert, systematisch, indem die Wasserausnutzung der Pflanzen bei erhöhter CO_2-Konzentration verbessert wird (weniger Verdunstungsverluste durch weniger geöffnete Stomata) und eher zufällig durch die verbesserte Stickstoffversorgung aufgrund menschlicher Tätigkeiten. Und zweitens geben die Pflanzen bei transienten Vorgängen das aufgenommene CO_2 nicht vollständig per Respiration und Verrottung wieder an die Atmosphäre zurück, sondern mit einem Teil davon *erhöhen sie ihre Masse* (»Ergrünen der Erde«). Nach (Scinexx, 2016) war allein von 1982 bis 2008 das Ergrünen der Erde »vergleichbar mit einem zusätzlichen grünen Kontinent von der doppelten Fläche der USA«. Hinzu kommt noch, dass es mit mehr Pflanzen auch mehr Tiere auf der Erde gibt. Mit zunehmender CO_2-Konzentration in der Atmosphäre wächst daher die gesamte Biomasse auf der Erde. Und die größer gewordene Biomasse entnimmt natürlich auch mehr CO_2 der Atmosphäre (und gibt dann auch mehr CO_2 wieder zurück, das wird noch wichtig sein).

Was überwiegt, Abschwächung der konzentrationsbedingt erhöhten Fotosyntheseleistung durch Knappheiten oder Verstärkung der Fotosyntheseleistung durch Massenzunahme der Biomasse, ist schwer zu sagen. Ganz wichtig ist aber auch noch, dass sich neben der CO_2-Konzentration auch noch andere Parameter geändert haben, *insbesondere ist es wärmer geworden*, wodurch auch immer das verursacht worden ist. Dieses Wärmerwerden hat den Stoffwechsel zwischen Atmosphäre und Biomasse verstärkt (weil der bei höheren Temperaturen intensiver ist) und es hat netto erheblich zum *Wachsen* der Biomasse beigetragen (weil die Pflanzen in einem wärmeren Klima in Summe besser wachsen und weil die Wachstumsperiode verlängert ist). Die Erwärmung hat daher die Entnahme durch die Biomasse mit Sicherheit verstärkt.

Alle Effekte zusammengenommen, sollte die Entnahme von CO_2 aus der Atmosphäre durch die Biomasse, jedenfalls im bisherigen Verlauf, *nicht allzu weit weg von der Proportionalität* zur Konzentration gewesen sein. Betrug die Entnahme seinerzeit bei 280 ppm etwa 53 ppm/a (IPCC, 2021), muss sie heute bei 410 ppm rechnerisch etwa 53 × 410/280 = *ca. 78 ppm/a betragen, das sind ca. 25 ppm/a mehr* als vor Beginn der Industrialisierung. Der Wert ist ungenau, aber wahrscheinlich doch eine gute Näherung (Anmerkung: Es kommt weniger auf die absolute Größe der Entnahme an, die ist ohnehin nur sehr grob bekannt, sondern auf die Proportionalität zur Konzentration, die stimmt vermutlich hinreichend gut. Und die Proportionalität bestimmt, wie viel die Entnahme heute größer ist als früher).

So viel zur Entnahme, nun zur Freisetzung: Die Biomasse (Pflanzen und Tiere) gibt den größten Teil des aufgenommenen Kohlenstoffs durch Atmung und durch Verrottung von Blättern und dergleichen kurzfristig bzw. innerhalb maximal einiger Jahre wieder als CO_2 zurück in die Atmosphäre ab. Nur ein relativ kleiner Teil der Aufnahme wird längerfristig gespeichert, z. B. im Holz langlebiger Bäume. CO_2-Entnahme durch die Biomasse und Freisetzung aus ihr sollten daher *immer annähernd ausgeglichen* sein. »Ausgeglichen« muss definitionsgemäß bei Gleichgewichtszuständen gelten, gilt recht gut aber auch für reale Transienten, weil die immer nur relativ langsam ablaufen und die Umwälzung sehr hoch ist. Unterstützt wird das »Ausgeglichen« auch durch die relative Kleinheit der Biomasse: Mit ganz grob etwa vergleichbarem Kohlenstoffinventar wie in der Atmosphäre *kann die Biomasse kein größeres Ungleichgewicht puffern.* Wie groß auch immer die Entnahme heute ist (oben wurden 78 ppm/a abgeschätzt), die Freisetzung kann real maximal wenige ppm/a davon abweichen! Ein größerer Unterschied ist infolge der guten Kopplung zwischen den beiden Größen und der nur langsam ablaufenden Vorgänge praktisch ausgeschlossen. Weil hier ohnehin nur Überschlagsrechnungen angestellt werden, wird auf eine Quantifizierung des Abstandes zum

Gleichgewicht verzichtet. Es wird sich zeigen, dass das Ergebnis der Rechnungen sehr klar ist, der Verzicht sollte daher berechtigt sein.

Zusammenfassend kann man die Situation etwa so beschreiben: Durch die sehr hohe Umwälzung zwischen der Atmosphäre und der Biomasse sind die beiden immer sehr eng aneinandergekoppelt. Quantitativ erfolgt diese Umwälzung in guter Näherung proportional zur Konzentration in der Atmosphäre, der einzigen Größe, die wir wirklich messen können.

6.5.3   Der Kreislauf zwischen Atmosphäre und Ozean

Die Löslichkeit von Gasen in Flüssigkeiten ist stark temperaturabhängig. Daher diffundiert in Zonen mit kaltem Wasser (grob gesprochen in Polnähe) viel CO_2 aus der Atmosphäre in die Wasserphase hinein und in Zonen mit warmem Wasser (grob gesprochen in Äquatornähe) diffundiert viel CO_2 aus der Wasserphase heraus. Das ist in pauschaler Darstellung der Beitrag des Ozeans zur »natürlichen Umwälzung« (siehe auch Ziff. 6.5.1).

Hinzu kommt aber noch, dass kaltes Wasser auch schwerer ist als wärmeres Wasser und daher (in Polnähe) mitsamt seinem Inhalt absinkt. Mit den in der Tiefsee sehr langsamen und breiten Meeresströmungen fließt das Wasser dann im Laufe von etwa 500 bis 1000 Jahren tief unten in Richtung Äquator, steigt dort auf, erwärmt sich dabei und gibt dadurch einen Teil seines Kohlenstoffs wieder als CO_2 in die Atmosphäre ab. Dann strömt das Wasser an der Oberfläche in relativ eng begrenzten Strömungen wesentlich schneller (innerhalb weniger Jahre) wieder in Richtung der Pole und kühlt sich dabei wieder ab, wodurch es wieder neues CO_2 aufnehmen kann. Dann sinkt es erneut ab, und so weiter. Weil zum Antrieb für diesen Kreislauf des Wassers auch der Salzgehalt im Wasser beiträgt (unterschiedliches spezifisches Gewicht!), wird er als »thermohaline Zirkulation« bezeichnet.

Auf diesem, hier sehr vereinfacht beschriebenen Kreislauf des Wassers wird Kohlenstoff gewissermaßen wie im Huckepack-Verfahren mitgenommen und im Kreis geführt. Aber es ist kein geschlossener Kreislauf: Wie dargelegt, wird ein Teil des mitgenommenen Kohlenstoffes unterwegs, vor allem in Äquatornähe, als CO_2 an die Atmosphäre abgegeben und die gleiche Menge (jedenfalls im Gleichgewicht die gleiche Menge) wird dann, vor allem in Polnähe bzw. auf dem Weg in die Polnähe, wieder aufgenommen. Aufstieg, Oberflächentransport und Abstieg erfolgen schnell, beim Tiefentransport ist gewissermaßen ein riesiger Zwischenspeicher mit einer Aufenthaltsdauer von ganz grob etwa 500 bis 1000 Jahren (und quasi unbegrenzter Speicherkapazität!) eingebaut (siehe auch Abb. 3).

Die genannte Diffusion von CO_2 aus der Luft ins (kalte) Wasser betrifft zunächst nur eine ganz dünne Oberflächenschicht (mm-Bereich), die sehr schnell in Sättigung geht (Partialdruckausgleich), weil die weitere Diffusion im Wasser nur sehr langsam voranschreitet (kurze freie Weglänge der CO_2-Moleküle im Wasser). Weiterlaufen kann die Diffusion aus der Luft ins Wasser praktisch nur, wenn dieses gesättigte Wasser aus der unmittelbaren Oberflächenschicht abtransportiert wird. Das geschieht durch Durchmischung über Wind, Wellen und Strömungen. Diese Effekte reichen bis etwa 50 bis 100 m Tiefe. Das ist in etwa auch die Tiefe, bis zu der pflanzliche Lebewesen im Wasser (z. B. Phytoplankton) unter Ausnutzung des Sonnenlichtes Fotosynthese betreiben (und damit CO_2 verbrauchen!).

Weiter unten wird gezeigt, dass diese »oberflächennahe Ozeanschicht« (»surface ocean«, oder »mixed surface layer«) großräumig stark unterschiedliche CO_2-Konzentrationen hat. Örtlich ist sie aber in sich relativ gut durchmischt. Der Übergang zum tieferen Ozean ist natürlich kein abrupter, aber doch ausgeprägt. Mit der Atmosphäre steht die »oberflächennahe Ozeanschicht« in enger Wechselwirkung. Dadurch wird zwischen diesen beiden sehr schnell Partialdruckausgleich erreicht: nach (IPCC, 2021) »within 1 or 2 years«. Quantitativ gibt (IPCC, 2021) den CO_2-Austausch zwischen Atmosphäre und oberflächennaher Ozeanschicht im Gleichgewicht bei ca. 280 ppm Konzentration mit ca. 28 ppm/a an. Mit proportionaler Umrechnung (Diffusionsprozesse verlaufen nun einmal grundsätzlich proportional zur Konzentration!) müssten es bei 410 ppm daher (wieder im Gleichgewicht) 28 × 410/280 = ca. 41 ppm/a sein.

Aber da fehlt noch etwas: Der größte Teil des vom Wasser aufgenommenen CO_2 wandelt sich in (ebenfalls gelöstes) Karbonat und Bikarbonat um. Diese Umwandlungsprodukte *sind nicht* CO_2 und sie tragen daher auch *nichts zum CO_2-Partialdruck bei!* Nur dadurch kann der Ozean überhaupt so viel CO_2 aufnehmen! Aber diese Umwandlungen im Wasser sind *reversibel*, wobei das chemische Gleichgewicht nicht nur von der Temperatur und dem pH-Wert abhängt, sondern vor allem auch von der *Abgabe oder Aufnahme* von CO_2 aus dem Wasser bzw. im Wasser. Bei der Abgabe von CO_2 (in warmen Gegenden) wird nicht nur CO_2 aus dem Wasser in die Atmosphäre freigesetzt, sondern es wird auch viel des im Wasser gelösten CO_2 *in Karbonat und Bikarbonat umgewandelt* (was die CO_2-Abgabe in die Atmosphäre erheblich reduziert). Umgekehrt wird bei der Aufnahme von CO_2 im Ozeanwasser (in kalten Gegenden) nicht nur CO_2 aus der Atmosphäre ins Wasser überführt, sondern es wird auch die interne Umwandlung umgekehrt, es wird also viel des im Wasser gelösten Karbonat und Bikarbonat *wieder in CO_2 umgewandelt* (was die CO_2-Aufnahme aus der Atmosphäre erheblich reduziert). Man kann sich das so merken: Wenn im Wasser zu viel CO_2 vorhanden ist, dann wird sowohl CO_2 nach außen abgegeben als auch intern CO_2 in Karbonat und Bikarbonat umgewandelt; ist umgekehrt zu wenig CO_2 vorhanden, wird das nicht nur aus der Luft geholt, sondern auch intern durch Umwandlung aus Karbonat und Bikarbonat gewonnen. Wichtig ist noch, dass beide Effekte sich im Gleichgewicht natürlich aufheben müssen.

Aber wenn die Konzentration sich verändert, dann verschiebt sich das chemische Gleichgewicht zwischen CO_2 und Karbonat + Bikarbonat und damit verschiebt sich auch das Verhältnis zwischen Aufnahme bzw. Abgabe von CO_2 und chemischer Umwandlung. Quantifiziert wird das durch den »Revelle-Faktor« (benannt nach dem Ozeanographen Roger Revelle): Dieser Faktor gibt das Verhältnis der relativen Änderung der CO_2-Konzentration in einem Volumenelement Wasser zur relativen Änderung des darin insgesamt anorganisch gelösten Kohlenstoffs an (»anorganisch« heiß, dass in Lebewesen im Ozeanwasser enthaltener Kohlenstoff hier nicht mitgerechnet wird). Das klingt kompliziert, aber für die Fragestellungen hier ist eigentlich nur wichtig, dass der Revelle-Faktor von ca. 8,3 auf ca. 9,4 steigt, wenn die

CO_2-Konzentration von 280 ppm auf 410 ppm zunimmt (IPCC, 2007). Das sind ca. 13 %. Die Umwälzung von CO_2 zwischen Atmosphäre und oberflächennaher Ozeanschicht wächst daher nicht wirklich, sondern nur *angenähert* proportional mit der Konzentration in der Atmosphäre, eben *um diesen Faktor 1,13 langsamer*. Die zunächst errechneten 41 ppm/a müssen daher um den Faktor 1,13 nach unten korrigiert werden. Es werden also nur 41/1,13 = *ca. 36 ppm/a* umgewälzt! Und wieder gilt: Der Wert ist ungenau, sollte aber eine gute Näherung sein. Die größte Unsicherheit dürfte dabei im nur grob bekannten Ausgangswert von 28 ppm/a bei 280 ppm Konzentration liegen.

Angegeben wurde schon, dass wir infolge der hohen Umwälzung *nahe am Gleichgewicht* zwischen Atmosphäre und oberflächennaher Ozeanschicht sein müssen. »Gleichgewicht« heißt einerseits, dass, über die gesamte Erde aufaddiert, der Atmosphäre gleich viel CO_2 durch den Ozean entnommen wird, wie aus dem Ozean in sie freigesetzt wird. Erreicht wird das letztlich durch die intensive Durchmischung der Atmosphäre, die dadurch überall die gleiche Konzentration hat. Andererseits haben wir aber auch ein lokales Gleichgewicht, denn die Reaktion findet ja örtlich statt: In einem örtlich begrenzten Gebiet reagiert immer das Wasser *in diesem örtlich begrenzten Gebiet* mit der darüber befindlichen Atmosphäre und weil die Atmosphäre immer gut durchmischt ist, reagiert das *lokale Wasser* mit der *ganzen Atmosphäre*. Obwohl der CO_2-Speicher »oberflächennahe Ozeanschicht« insgesamt vergleichbar groß ist wie der Speicher »Atmosphäre«, sind es für die örtlich ablaufende Reaktion sehr *ungleiche* Partner und die (gut durchmischte!) Atmosphäre zwingt der (großräumig schlecht durchmischten) oberflächennahen Ozeanschicht örtlich ihre (überall gleiche!) CO_2-Konzentration (eigentlich ihren CO_2-Partialdruck) auf. Das Wasser hat aber stark unterschiedliche Temperaturen, im Wesentlichen kalt in Polnähe und warm in Äquatornähe. Und gleicher Partialdruck bei unterschiedlichen Temperaturen heißt im Wasser unterschiedliche Konzentration! Die »oberflächennahe Ozeanschicht« ist daher zwar örtlich gut durchmischt, hat großräumig aber *stark unterschiedliche CO_2-Konzentrationen.*

Angemerkt sei noch, dass wir real nicht im Gleichgewicht, sondern in einer Transiente sind. Bei sehr hoher Umwälzung und Konzentrationsänderungen unter 1 % pro Jahr kann der Abstand zum Gleichgewicht aber nur sehr klein sein. Auf eine genauere Quantifizierung wurde hier verzichtet.

Grundsätzlich haben wir hier eine ähnliche Situation wie wir sie schon in Ziff. 6.5.2 beim Kreislauf zwischen der Atmosphäre und der Biomasse kennengelernt haben: In beiden Kreisläufen gibt es zwei in erster Näherung vergleichbar große Speicher mit sehr hoher Umwälzung zwischen ihnen (Anteil des Inventars, der jährlich umgewälzt wird). Die beiden Kreisläufe müssen sich daher ähnlich verhalten. Ein wichtiger Unterschied besteht jedoch darin, dass die Biomasse *nur diese Wechselwirkung mit der Atmosphäre* kennt. Dadurch kann dort tatsächlich Gleichgewicht erreicht werden (wenn die Freisetzungen in die Atmosphäre konstant gehalten werden, dann tut sich sehr rasch nichts mehr weiter).

Die oberflächennahe Ozeanschicht steht demgegenüber jedoch *auch mit dem tiefen Ozean in intensivem Austausch.* Wenn dadurch CO_2 aus ihr entfernt wird, dann kann im gleichen Maße weiteres CO_2 aus der Atmosphäre in die oberflächennahe Schicht *nachgeliefert werden!* Und weil im tiefen Ozean quasi unbegrenzte Speicherkapazität für Kohlenstoff vorhanden ist, kann ein solcher Zustand der Nachlieferung sehr lange aufrechterhalten werden.

Wie viel Platz für solcherart nachrückendes CO_2 tatsächlich geschaffen wird, das hängt davon ab, um wie viel mehr der tiefe Ozean aus der oberflächennahen Schicht entnimmt, als er dorthin zurückliefert (freisetzt). Diese Flüsse werden wir noch diskutieren, wir können jedoch vorab die Bilanz angeben: Hierzu denken wir uns zunächst, dass beide Flüsse gleich groß wären. Dann wäre der Netto-Transport zum tiefen Ozean null und »oberhalb« würde sich *genau so viel* CO_2 ansammeln, wie die anthropogenen Freisetzungen betragen. Das ist aber eindeutig nicht der Fall, in der Realität verbleiben (derzeit) nur ca. 2 ppm/a bei anthropogenen Freisetzungen von ca. 4 ppm/a. Die

Entnahme durch den tiefen Ozean *muss* daher um ca. 2 ppm/a größer sein als die Freisetzung aus ihm! Diese Relation wird von den Beobachtungen gefordert.

Nun zu den Einzelwerten: Der Transport von Kohlenstoff in den tiefen Ozean geschieht vornehmlich durch zwei Mechanismen: zum kleineren Teil durch die »biologische Pumpe« und deutlich überwiegend durch die »physikalische Pumpe«. Die biologische Pumpe besteht im Wesentlichen darin, dass organische Lebewesen, die in der »oberflächennahen Schicht« durch Fotosynthese unter Verbrauch von CO_2 gebildet werden bzw. wachsen, irgendwann einmal absterben und dann mitsamt ihrem Kohlenstoff in die Tiefe absinken. Das geschieht überall im Meer, wenn auch nicht überall gleich stark. Weil die Fotosynthese prinzipiell angenähert proportional zur CO_2-Konzentration zunimmt (siehe oben), sollte auch die absinkende Kohlenstoffmenge angenähert proportional zur CO_2-Konzentration zunehmen.

Die physikalische Pumpe beruht demgegenüber auf dem geschilderten Wasserkreislauf mit Absinken des Wassers in hohen Breiten und Aufsteigen in Äquatornähe (»thermohaline Zirkulation«). Dieses Absinken des Wassers mitsamt dem darin enthaltenen Kohlenstoffinhalt, *das ist die physikalische Pumpe*. Wichtig ist dabei, dass das aus der oberflächennahen Ozeanschicht absinkende Wasserpaket *immer im CO_2-Partialdruckausgleich* mit der Atmosphäre steht (jedenfalls angenähert). Ist die Konzentration in der Atmosphäre *um den Faktor x erhöht* (wodurch auch immer zustande gekommen!), dann wird durch die physikalische Pumpe auch *um diesen Faktor x mehr* CO_2 nach unten transportiert! Da herrscht prinzipiell Proportionalität.

Da also beide Pumpen zumindest angenähert proportional zur Konzentration arbeiten, können wir auch hier leicht umrechnen: Nach (IPCC, 2021) wurden im alten Gleichgewicht bei ca. 280 ppm Konzentration ca. 52 ppm/a aus der oberflächennahen Schicht entnommen und in den tiefen Ozean überführt, bei 410 ppm Konzentration müssen es daher ca. $52 \times 410/280 =$ ca. 76 ppm/a sein. Korrigiert man das noch wie oben mit der Veränderung des Revelle-Faktors (weil das CO_2 ja letztlich aus der Luft stammt und wir die Konzentration dort messen!), dann erhält man eine Entnahme aus der Atmosphäre von ca. $76/1{,}13 = $ ca. $67\,ppm/a$.

Wie sieht das in der anderen Richtung aus, bei der Freisetzung aus dem tiefen Ozean? Das haben wir schon gesehen: *Es müssen um 2 ppm/a weniger sein,* also ca. $65\,ppm/a$ (zusammen mit den anthropogenen Freisetzungen von $4\,ppm/a$ sind das dann $69\,ppm/a$, um die $2\,ppm/a$ mehr als die Entnahme durch den tiefen, um die die Konzentration jährlich wächst). Dazu noch eine Anmerkung: Im tiefen Ozean wird der Kohlenstoff sehr lange zwischen-gespeichert. Was aus ihm freigesetzt wird, hängt *nur* von der jeweiligen Tem-peratur, den Meeresströmungen und ähnlichen Einflussgrößen ab, nicht aber von den gleichzeitigen Einbringungen in ihn, die wirken sich stets erst ca. 500 bis 1000 Jahre *verzögert* aus! In Ziff. 6.5.4 wird das nochmals näher dis-kutiert werden.

Zur Verdeutlichung seien die wichtigsten Ergebnisse dieser Ziff. 6.5.3 zu-sammengefasst: Den Ozean muss man in *zwei Teilbereiche* unterteilen: In die relativ kleine oberflächennahe Schicht (ca. 50 bis 100 m dick) und in den sehr viel größeren tiefen Ozean (der ganze Rest). Die oberflächennahe Ozeanschicht nimmt an *zwei* CO_2-Kreisläufen teil: »Nach oben« und »nach unten«. Gemeint ist, zur Atmosphäre hin und zum tiefen Ozean hin. Die-se beiden Kreisläufe unterscheiden sich aber deutlich: Bei dem nach oben, also zwischen der oberflächennahen Ozeanschicht und der Atmosphäre, wird – sehr ähnlich wie beim Kreislauf zwischen der Atmosphäre und der Biomasse – *das gesamte Kreislaufinventar sehr intensiv umgewälzt.* Die ober-flächennahe Schicht und die Atmosphäre *müssen daher immer sehr nahe am Gleichgewicht sein!* Die Umwälzung in diesem Kreislauf muss daher immer *angenähert ausgeglichen* sein und sie nimmt prinzipiell *proportional mit der Konzentration zu* (nur leicht abgeschwächt infolge der chemischen Umwand-lungen des CO_2 im Wasser).

Beim Kreislauf nach unten, also zwischen der oberflächennahen Oze-anschicht und dem tiefen Ozean, ist die Umwälzung absolut gesehen sogar etwas größer, infolge des sehr großen Speicherinventars im tiefen Ozean dauert eine komplette Umwälzung hier aber *sehr viel länger* und zusammen mit der quasi unbegrenzten Speicherkapazität und der langen Zwischenspeicherzeit im tiefen Ozean ist dieser Kreislauf für relevante Zeiträume *gar kein geschlossener Kreislauf*, sondern er zerfällt in zwei praktisch *vollkommen entkoppelte Prozesse*, die Entnahme aus der oberflächennahen Schicht und die Freisetzung in diese. Von diesen beiden Prozessen sollte die Entnahme *sehr gut proportional zur Konzentration* in der oberflächennahen Schicht sein, die Freisetzung aber *nicht* von dieser Entnahme abhängen (und damit auch nicht von der Konzentration!). Die Freisetzung hängt vielmehr vor allem von der Temperatur und von den Meeresströmungen im tiefen Ozean ab. Die genaue Größe wird in Ziff. 6.5.4 näher diskutiert.

6.5.4   Der »3er-Pack« und der tiefe Ozean

Aus den Ziff. 6.5.2 und 6.5.3 ergibt sich: Die Atmosphäre ist in zwei Kreisläufe eingebunden: Einer zur Biomasse hin, der andere zum Ozean hin (genauer: zur oberflächennahen Ozeanschicht mit einer Dicke von ca. 50 bis 100 m). Durch die sehr intensive Umwälzung in diesen beiden Kreisläufen sind die drei Speicher Atmosphäre, Biomasse und oberflächennahe Ozeanschicht *sehr eng aneinandergekoppelt*. In ihnen herrscht immer angenähert die gleiche Konzentration (eigentlich der gleiche Partialdruck). Nach außen reagieren diese drei Speicher *wie ein einheitlicher größerer Speicher*. Für diesen ist mir kein vernünftiger Name eingefallen, ich nenne ihn einfach »3er-Pack«. Ein dritter Kreislauf besteht zwischen der oberflächennahen Ozeanschicht und dem tiefen Ozean.

Betrachten wir hierzu Abb. 4: Der »3er-Pack« ist in der roten Ellipse zusammengefasst. Mit dem tiefen Ozean tauscht zwar genau genommen nur die oberflächennahen Ozeanschicht CO_2 aus, doch durch deren enge Kopplung im »3er-Pack« laufen die Atmosphäre und die Biomasse immer gewissermaßen *im Gleichschritt mit*. Man kann also genauso gut sagen, dass es der »3er-Pack« ist, der im genannten dritten Kreislauf CO_2 mit dem tiefen Ozean austauscht.

Für diesen dritten Kreislauf gelten aber deutlich andere Regeln für den CO_2-Austausch als für die beiden Kreisläufe innerhalb des »3er-Packs«: Bei Letzteren sind die Entnahme und die Freisetzung infolge der sehr hohen Austauschraten und der relativ kleinen Speicherinventare *zwangsweise stets praktisch gleich groß*. Zwischen dem »3er-Pack« und dem tiefen Ozean sind sie jedoch infolge der viel kleineren Austauschrate (definiert als Anteil des *Gesamt*inventars im Kreislauf, der jährlich umgewälzt wird), infolge des riesigen C-Inventars im tiefen Ozean und infolge der langen Verzögerungszeit in diesem (500 bis 1000 Jahre!) praktisch *vollkommen voneinander entkoppelt!* Es ist zwar die *Entnahme* aus dem »3er-Pack« proportional zur Konzentration in ihm (genauso, wie die Entnahme aus der Atmosphäre proportional zur Konzentration in dieser ist), doch die *Freisetzung* aus dem tiefen Ozean in den »3er-Pack« erfolgt *unabhängig von der momentanen Einlagerung in ihn*, nur abhängig von Temperatur, Meeresströmungen und dergleichen und sie erfolgt massiv verzögert gegenüber der Einlagerung. Von der Veränderung der Einlagerung in den tiefen Ozean als Folge der Konzentrationsänderung in der Atmosphäre (und damit im »3er-Pack«) merkt die Freisetzung aus dem tiefen Ozean erst ca. 500 bis 1000 Jahre später etwas (Durchlaufzeit im tiefen Ozean)! Bis dahin spürt sie von allen zwischenzeitlichen Veränderungen höchstens Änderungen der Temperatur, der Meeresströmungen und dergleichen. Es sind *diese Größen*, die die Freisetzung aus dem tiefen Ozean bestimmen! Die Temperatur hat sich mit Sicherheit erhöht (wodurch auch immer verursacht), *das muss auch die Freisetzung aus dem tiefen Ozean erhöht haben!* Wir wissen nur nicht, um wie viel, das hängt u.a. auch von der Temperatur*verteilung* ab, die wir nur schlecht kennen, und über Veränderungen der Meeresströmungen wissen wir noch viel weniger Bescheid! Die Freisetzung aus dem tiefen Ozean können wir daher nicht aus den Parametern »vor Ort« berechnen, die können wir nur aus der beobachteten Konzentrationsveränderung zurückrechnen (später kommen noch ein paar Anmerkungen hierzu). In der Abb. 4 ist die geschilderte Entkopplung von Entnahme und Freisetzung durch die rot gestrichelte Linie beim tiefen Ozean angedeutet.

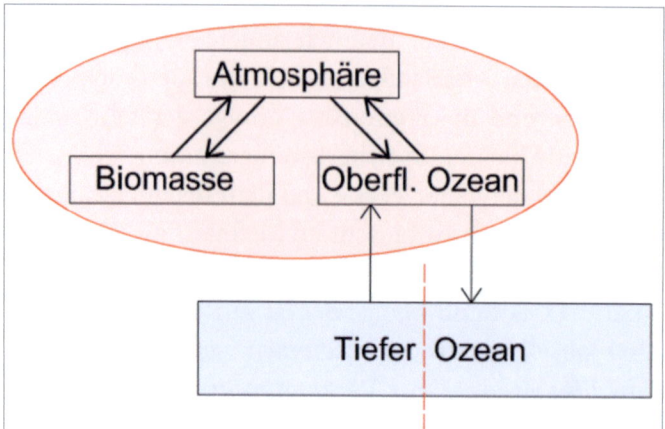

Abb. 4: Die Speicher im kurzfristigen Kohlenstoffkreislauf: *Die Atmosphäre, die Biomasse und die oberflächennahe Ozeanschicht sind untereinander sehr eng gekoppelt (durch das Zusammenfassen in der roten Ellipse angedeutet) und sie reagieren als Ganzes (als »3er-Pack«) mit dem »tiefen Ozean«. Dieser Austausch erfolgt deutlich langsamer und bei ihm sind Entnahme und Rückgabe durch die lange Zwischenspeicherzeit im tiefen Ozean praktisch vollständig voneinander entkoppelt (durch die rote gestrichelte Linie angedeutet).*

Noch eine Anmerkung: Dass die allgemeine Erwärmung und mögliche Veränderungen der Meeresströmungen zusammen *ganz erhebliche* zusätzliche Freisetzungen aus dem tiefen Ozean bewirken *können*, das steht wohl außer Zweifel (es ist genug da und wie viel davon freigesetzt wird, das hängt vor allem von der Temperatur und von den Meeresströmungen ab). Sie *müssen es wohl auch tun*, weil sonst bei der erhöhten Entnahme von CO_2 aus dem »3er-Pack« die Konzentration in diesem sehr schnell wieder sinken würde (bzw. gar nicht erst ein hoher Wert hätte erreicht werden können). Wir wissen nur nicht exakt, auf welchem Weg diese erhöhten Freisetzungen bewirkt werden (siehe hierzu auch Ziff. 6.5.5 und 6.12; zur Stärke der Freisetzungen siehe weiter unten).

Dabei stimmt auch das »müssen es wohl auch tun« nur unter der (ungesicherten!) Annahme, dass die vulkanischen Ausgasungen sich nicht wesentlich erhöht haben und auch sonst keine wesentlichen weiteren Einwirkungen existieren. »Ungesichert« ist diese Annahme deshalb, weil wir selbst von den großen Vulkanausbrüchen nur ziemlich ungenau wissen, wie viel CO_2 sie tatsächlich freisetzen. Wie viel aus den unzähligen kleineren Spalten und anderen Öffnungen ausströmt, das wissen wir erst recht nicht. Und von den Vulkanen unter dem Meeresspiegel wissen wir noch viel weniger. Das alles *kann* sich seit 1750 auch massiv verändert haben. Ein erheblicher Beitrag vulkanischer Ausgasungen zur erhöhten CO_2-Konzentration gilt als unwahrscheinlich, kann aber nicht ganz ausgeschlossen werden. Auf die *Möglichkeit* wollte ich hinweisen, weiter in Betracht ziehen werde ich sie hier aber nicht. Man braucht sie nicht, um alle Beobachtungen befriedigend erklären zu können.

Natürlich gelten auch für den »3er-Pack« als Einheit die in Ziff. 6.3 genannten »Speicher-Grundgesetze«. Daher kann man, so wie für die Atmosphäre, auch für den »3er-Pack« berechnen, welche Entnahme aus ihm bei der heutigen Konzentration von ca. 410 ppm erfolgt. Das wurde in Ziff. 6.5.3 schon gemacht: Die heutige Entnahme muss ca. 67 ppm/a betragen.

Soweit die Entnahme. Die *Freisetzung* aus dem tiefen Ozean kann man, wie auch schon gesagt, prinzipiell auf zwei Wegen berechnen: Mit Hilfe von physikalischen Überlegungen auf Basis des der Freisetzung zugrundeliegenden Mechanismus und aus der Massenbilanz. Bei den »physikalischen Überlegungen« kann man als Ausgangspunkt davon ausgehen, dass vor Beginn der Industriellen Revolution tatsächlich Gleichgewicht geherrscht hat. Dann muss die Freisetzung aus dem tiefen Ozean damals gleich groß gewesen sein wie die Entnahme durch ihn, sie muss also auch ca. 52 ppm/a betragen haben (Ziff. 6.5.3). Weil sich die veränderte Konzentration im »3er-Pack« erst viel später auf die Freisetzung aus dem tiefen Ozean auswirkt (Durchlaufzeit 500 bis 1000 Jahre), müssten es heute bei ansonsten gleichen Randbedingungen immer noch ca. 52 ppm/a sein. Allerdings muss die Freisetzung jetzt gegen 410 ppm erfolgen, das ist schwerer. Statt der ca. 52 ppm/a von früher wären es heute daher nur ca. $52 \times 280/410 =$ ca. 36 ppm/a.

Und schon haben wir ein Problem: Dem »3er-Pack« werden durch den tiefen Ozean ca. 52 ppm/a entnommen und für die Rücklieferung in den »3er-Pack« haben wir nur ca. 36 ppm/a errechnet. Damit würden dem »3er-Pack« jährlich ca. 16 ppm entnommen werden! Die 4 ppm/a Zugabe durch die anthropogenen Freisetzungen spielen da schon fast keine Rolle mehr: Im »3er-Pack« würde die Konzentration massiv sinken, bzw. die 410 ppm *hätten gar nicht erst erreicht werden können!* Sie sind aber nachweisbar eingetreten. Irgendetwas muss anders sein!

Also versuchen wir es mit dem zweiten Weg der Berechnung der Freisetzungen, der Massenbilanz: Das hatten wir schon in Ziff. 6.5.3, hier nur nochmals kurz: In einem Speicher verändert sich die Konzentration immer entsprechend der Differenz zwischen Freisetzung und Entnahme (Speicher Grundgesetz 6.3.4). Zurzeit steigt die Konzentration im »3er-Pack« um 2 ppm/a. Durch den tiefen Ozean werden dem »3er-Pack« heute (bei 410 ppm Konzentration in der Atmosphäre) ca. 67 ppm/a entnommen (siehe oben). *Also muss die Freisetzung in den »3er-Pack« ca. 69 ppm/a betragen.* Davon kommen 4 ppm/a aus den anthropogenen Freisetzungen. Für den tiefen Ozean verbleiben ca. 65 ppm/a (vulkanische Ausgasungen und andere Effekte als vernachlässigbar angenommen). Wenn sich nichts geändert hätte, dann wären aber nur ca. 36 ppm/a verfügbar, siehe gerade. Es müssen sich daher die Randbedingungen für die Freisetzung aus dem tiefen Ozean (Temperaturen, Meeresströmungen, …) so geändert haben, dass diese Freisetzung *um ca. 29 ppm/a angestiegen ist!* Ein Mehr von 29 ppm/a, das ist etwa das *Siebenfache* der anthropogenen Freisetzungen! Mit denen allein hätte die Konzentration von 410 ppm nie erreicht werden können!

In Tab. 1 sind die bisherigen Ergebnisse zusammengestellt. In schwarz ist die Ausgangslage angegeben: Werte aus (IPCC, 2021) für 1750. In grün sind die hier errechneten CO_2-Flüsse angegeben, die erforderlich sind, um die Konzentration von 410 ppm (wie wir sie heute haben) zu erreichen bzw. zu halten. In rot sind zusätzlich zum Vergleich die Werte aus (IPCC, 2021) für den Durchschnitt der Jahre 2010 bis 2019 eingetragen, dazu später mehr. Wichtig ist, dass alle Flüsse momentane Flussgrößen im jeweiligen Zustand sind und nicht Mengen, die erforderlich sind, um den Übergang von dem einen Zustand in den anderen zu bewerkstelligen. Wichtig ist auch noch, dass die eigenen Rechnungen nur für *eingetretene Zustände* durchgeführt wurden, sodass die Ergebnisse *nicht von unsicheren Hypothesen über die Zukunft (z. B. Freisetzungsszenarien) abhängig sind.*

Jahr	Konz.	Zu-nahme	Anth. Freis.	1 Atmosphäre zu Biomasse		2 Atmosphäre zu oberflächenn. Ozeanschicht		1 + 2 Summe Atmosphäre zu Biom. + Ozean		3 »3er-Pack« zu tiefem Ozean	
				Entn. aus der A.	Freis. in die A.	Entn. aus der A.	Freis. in die A.	Entn. aus der A.	Freis. in die A.	Entn. aus dem 3P.	Freis. in den 3P.
IPCC 1750	277	0	0	53	53	28	28	81	81	52	47
Roth heute	410	2	4	78	78*	36	36	114	116**	67	69*
IPCC 2015	409	2	5	62	67*	38	37	100	104*	52	47

Tab. 1: Die drei Kreisläufe für CO_2: CO_2-Konzentrationen in ppm und CO_2-Flüsse in ppm/a (mit 1 ppm = 2,13 Gt C). Schwarz: Werte vor Beginn der Industriellen Revolution nach AR 6 (IPCC, 2021). Grün: Hier in dieser Arbeit errechnete Werte für heute (bei 410 ppm Konzentration). Rot: Werte nach AR 6 (IPCC, 2021) für den Durchschnitt der Jahre 2010 bis 2019. *gesamte Freisetzungen, inkl. der anthropogenen Freisetzungen von 4 bzw. 5 ppm/a, ** zusätzlich zu * noch weitere 2 ppm/a addiert, weil die Konzentration heute um ca. 2 ppm/a wächst.

Eine Anmerkung ist noch zu den angegebenen Werten für die Summe 1 + 2 (Gesamtwerte für die Atmosphäre) zu machen: Die Entnahmen durch die Biomasse und die oberflächennahe Ozeanschicht wurden einfach addiert. Bei der Freisetzung in die Atmosphäre wurden zusätzlich 2 ppm/a addiert, weil die Konzentration derzeit um 2 ppm/a wächst.

Greifen wir einmal nur die Atmosphäre alleine heraus (Spalte »1 + 2«): Der Anstieg der (gesamten) Freisetzungen in sie von 1750 bis heute beträgt ca. 35 ppm/a (von ca. 81 auf ca. 116 ppm/a), das ist *fast neunmal so viel*, wie die anthropogenen Freisetzungen heute betragen (ca. 4 ppm/a)! Das sagt aber nur bedingt etwas aus, weil dieser Wert vor allem durch direkte Rückkopplungen geprägt ist, wie in Ziff. 6.5.5 noch gezeigt wird.

Eine besser aussagekräftige Information erhält man, wenn man den »3er-Pack« als Ganzes betrachtet, der ja als Einheit mit dem tiefen Ozean reagiert: Da beträgt der Anstieg der Freisetzungen in ihn ca. 22 ppm/a (von ca. 47 auf ca. 69 ppm/a, letzte Spalte der Tab. 1), das ist *etwa das Fünffache der anthropogenen Freisetzungen!* Und das, obwohl die Freisetzungen aus dem tiefen Ozean jetzt gegen die erhöhte Konzentration im »3er-Pack« erfolgen müssen. Die Randbedingungen für die Freisetzungen aus dem tiefen Ozean (Temperatur, Meeresströmungen etc.) *können daher gar nicht gleich geblieben sein*, sie müssen sich vielmehr *ganz wesentlich* verändert haben! Wie auch immer diese Veränderungen im Detail aussehen und was auch immer sie verursacht hat, sie müssen auf jeden Fall gravierend sein. Die anthropogenen Freisetzungen alleine *langen bei Weitem nicht,* die stark erhöhte Konzentration in der Atmosphäre zu erklären!

6.5.5 Rückkopplungen

Kommen wir zurück zur Frage, woher denn das zusätzliche CO_2 überhaupt kommt, das über die anthropogenen Freisetzungen hinaus in die Atmosphäre gelangt ist. Zumindest ein Teil kommt mit Sicherheit aus dem tiefen Ozean, freigesetzt durch Erwärmung, vielleicht auch durch veränderte Meeresströmungen und dergleichen. Auch vulkanische Ausgasungen wurden schon als mögliche Quelle genannt. Aber vom Prinzip her gibt es noch eine weitere Möglichkeit: Rückkopplungen. Und die gibt es gleich doppelt, direkte und indirekte Rückkopplungen. Die wollen wir uns jetzt ansehen.

Fangen wir mit den indirekten Rückkopplungen an: Diese bestehen darin, dass das durch die anthropogenen Freisetzungen vermehrte CO_2 in der Atmosphäre *den Treibhauseffekt verstärkt*, wodurch sich das Klima *erwärmt*, was zur Folge hat, dass Biomasse und Ozean und vielleicht auch auftauender Permafrost *mehr* CO_2 in die Atmosphäre freisetzen. Diese erhöhten Freisetzungen sind dann eine *über den Treibhauseffekt rückgekoppelte Folge* der anthropogenen Freisetzungen! Bis zu einem gewissen Grad passiert das auch ganz sicher so, denn der Treibhauseffekt funktioniert rein physikalisch eindeutig. Umstritten ist nur seine *Größe.* Und damit ist natürlich auch offen, *wie viel* diese indirekten Rückkopplungen tatsächlich zur erhöhten Freisetzung beitragen.

Bei der Antwort auf diese Frage spielt vor allem die *Klimawirksamkeit* des CO_2 eine wichtige Rolle. Allerdings ist diese Klimawirksamkeit ihrerseits wissenschaftlich *massiv umstritten*. Eine ausführliche Diskussion dieses Punktes geht über den Gegenstand dieses Buches hinaus. Ich erlaube mir, diesbezüglich auf (Roth, 2019) zu verweisen. Dort wird das Thema ausführlich abgehandelt, mit dem Ergebnis, dass die Klimawirksamkeit des CO_2 und damit der durch zusätzliches CO_2 verursachte Treibhauseffekt höchstwahrscheinlich nur *recht klein* sind. Dann sind natürlich auch die indirekten Rückkopplungen klein.

Hier nur eine sehr vereinfachte und verkürzte Antwort: Dass die indirekten Rückkopplungen der anthropogenen CO_2-Freisetzungen höchstwahrscheinlich nur eine untergeordnete Rolle beim beobachteten Anstieg der CO_2-Konzentration spielen, folgt bereits aus dem zeitlichen Ablauf: Eingesetzt hat die Erwärmung, über die die indirekten Rückkopplungen ja laufen sollen, unbestreitbar schon *deutlich früher*, nämlich ab dem Höhepunkt der Kleinen Eiszeit, um ca. 1650. Da gab es praktisch noch keine anthropogenen Freisetzungen. Danach gibt es zwar grob gesehen einen Gleichklang zwischen Temperatur und CO_2-Konzentration, im Detail aber doch *deutliche Unterschiede*. Für den messtechnisch einigermaßen gut erfassten Zeitraum ab 1880 ist das Abb. 5 zu entnehmen: Die Temperatur fällt zunächst bis ca. 1910 leicht ab, obwohl die CO_2-Konzentration bereits merklich ansteigt, dann wird es bis ca. 1940 parallel zur Konzentration deutlich wärmer, kühlt sich anschließend aber ca. 30 Jahre lang trotz weiter steigender Konzentration tendenziell eher wieder etwas ab, und erst seit ca. 1970 steigt die Temperatur wenigstens einigermaßen parallel mit der CO_2-Konzentration an. Bei diesem Ablauf ist es nicht zu verstehen, wie die Erwärmung vor allem die Folge der anthropogenen Freisetzungen sein sollte. Als überwiegende Ursache der Erwärmung kommt wohl nur eine »*Laune der Natur*« infrage. Und wenn schon die Erwärmung nur zum kleineren Teil auf die anthropogenen Freisetzungen zurückzuführen ist, dann können auch die indirekten Rückkopplungen nur einen kleineren Teil zur Erhöhung der Freisetzungen beigetragen haben! Der Haupttäter waren höchstwahrscheinlich natürliche Änderungen und es gibt auch *keinen Grund* für die Annahme, dass diese zukünftig nicht mehr mitspielen werden. »Launisch zu sein«, ist nun einmal eine Grundeigenschaft der Natur!

Zur Klarstellung: Auch wenn die Erwärmung nur zum kleineren Teil auf die anthropogenen CO_2-Freissetzungen zurückzuführen ist, kann sie ihrerseits natürlich trotzdem den überwiegenden Teil der erhöhten Freissetzungen bewirkt haben. Nach (Harde, 2021) hat sie das auch.

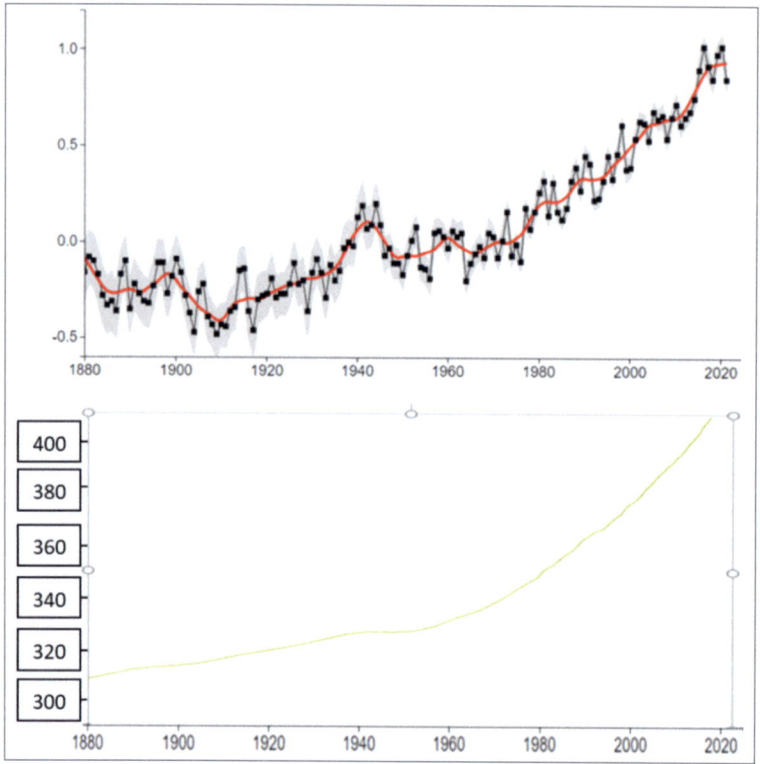

Abb. 5: Keine gute Übereinstimmung: *Oben der Verlauf der bodennahen Lufttemperatur 1880 bis 2020 relativ zum Mittelwert der Jahre 1951 bis 1980 nach (GISS, 2019): Schwarz globale Jahresmittelwerte, rot 5 Jahre geglättet, grau Unsicherheitsbereich mit 95 % Konfidenzintervall. Unten die CO_2-Konzentration in der Atmosphäre nach (EEA, 2019).*

Es spricht also so ziemlich alles dafür, dass die indirekten Rückkopplungen der anthropogenen Freisetzungen *keine große Rolle* beim Anstieg der CO_2-Konzentration spielen. Man *braucht* sie auch nicht, um alle Beobachtungen zu erklären. Die anthropogenen Freisetzungen sind vermutlich eher ein nur *zufällig* zu der »Laune der Natur« hinzugekommener Effekt, der diese »Laune« halt verstärkt hat, wahrscheinlich aber nur untergeordnet verstärkt hat.

Eine Erklärung, warum wir das meist anders sehen, könnte darin bestehen, dass wir die natürlichen Freisetzungen *nicht direkt sehen*, wohl aber die anthropogenen Freisetzungen kennen. Wir haben daher *den Eindruck gewonnen*, die anthropogenen Freisetzungen wären die Ursache der Veränderungen. Real sind sie aber eher nur ein kleiner (und zufälliger) Beitrag dazu.

Aber wie auch immer, wenn, allen hier angestellten Überlegungen zum Trotz, die anthropogenen Freisetzungen per indirekter Rückkopplung über die durch den verstärkten Treibhauseffekt verstärkte Erwärmung doch die überwiegende Ursache der erhöhten natürlichen Freisetzungen sein sollten, *dann wäre das ein völlig anderer Mechanismus* der Änderung der CO_2-Konzentration als der in den Klimamodellen von IPCC zugrunde gelegte langfristige Verbleib eines festen Anteils der anthropogenen Freisetzungen in der Atmosphäre! Prognosen der zukünftigen Entwicklung mit den bisher von IPCC verwendeten Klimamodellen wären dann *prinzipiell unzulässig*, den so ermittelten Warnungen vor Klimaänderungen würde schlichtweg *die Basis wegbrechen!* Im Klartext: Es ist *unwahrscheinlich*, dass der CO_2-Anstieg überwiegend auf Rückkopplungen über die durch die anthropogenen Freisetzungen verursachte Erhöhung des Treibhauseffektes zurückzuführen ist. Wenn es aber doch so sein sollte, dann lägen die Klimamodelle von IPCC *von ihrem Ansatz her prinzipiell daneben!* Prognosen aus den Modellen wären dann nur *Spekulation ohne seriöse Grundlage!*

Indirekte Rückkopplungen dürften also sehr wohl existieren, sie haben höchstwahrscheinlich aber nur *untergeordnete Bedeutung*. Wie sieht das bei den direkten Rückkopplungen aus? Deren Prinzip hatten wir eigentlich schon kennengelernt: Die Biomasse und auch die oberflächennahe Ozeanschicht sind relativ *kleine Speicher mit starkem CO_2-Austausch* mit der Atmosphäre und »nach außen« reagieren alle drei zusammen *wie eine größere Einheit* (»3er-Pack«). Nach einer Erhöhung der Konzentration in der Atmosphäre, wodurch auch immer verursacht, stellt sich immer *sehr schnell*, schon nach ganz wenigen Jahren, innerhalb dieses »3er-Packs« Gleichgewicht ein, bzw. anhaltende Transienten laufen immer *sehr nahe am Gleichgewicht* ab. Als Folge davon setzen Biomasse und oberflächennahe Ozeanschicht immer *praktisch genau die gleiche CO_2-Menge* in die Atmosphäre frei, die sie ihr gerade entnehmen. Anders ausgedrückt: Was sie freisetzen, das stammt aus der Atmosphäre und wird nur kurz verzögert wieder zurück gegeben. Die direkten Rückkopplungen sind also *zusätzliche CO_2-Freisetzungen aus den natürlichen Quellen Biomasse und oberflächennahe Ozeanschicht*, die dadurch bewirkt werden, dass anthropogen (oder wie auch immer) in die Atmosphäre eingebrachtes CO_2 *immer sehr rasch auch auf diese beiden Reservoire verteilt wird!*

Unter Berücksichtigung der direkten Rückkopplungen kann man das Geschehen nach einer Erhöhung der CO_2-Konzentration in der Atmosphäre daher *in zwei Stufen gliedern:* Stufe 1 ist das sehr schnelle *Verteilen* des zusätzlich eingebrachten CO_2 innerhalb des »3er-Packs« und Stufe 2 ist das anschließende, wesentlich langsamere *Auslagern* von CO_2 aus dem »3er-Pack« in den tiefen Ozean. In Stufe 1 wirken die direkten Rückkopplungen gewissermaßen als Beschleuniger (weil sie den Rücktransport von CO_2 in die Atmosphäre erhöhen), in Stufe 2 spielen sie keine Rolle (weil der »3er-Pack« in sich praktisch ausgeglichen ist und Entnahme und Freisetzung durch bzw. aus dem tiefen Ozean durch das große Speichervolumen und die lange Zwischenspeicherung im tiefen Ozean *voneinander entkoppelt sind*).

Von Stufe 1 *merkt man in der Realität nicht viel*, weil die Konzentrationsänderungen in der Atmosphäre relativ langsam verlaufen, sodass der Abstand zum Gleichgewicht immer sehr klein ist. Beobachtet wird *praktisch nur die Stufe 2*. Und in der läuft das Geschehen so ab, wie oben beschrieben: *Die Entnahmen von CO_2 aus dem »3er-Pack« müssen proportional zur Kon-*

zentration in ihm erfolgen und die Freisetzungen zurück aus dem tiefen Ozean müssen zum Masseerhalt im »3er-Pack« gleich groß sein wie die Entnahme (genauer: Sie müssen, zusammen mit den anthropogenen Freisetzungen, um so viel größer sein als die Entnahmen, wie die Konzentration gerade wächst, im konkreten Fall also um 2 ppm/a). Die Ergebnisse sind in Tab. 1 zusammengestellt.

Es bleibt also dabei: Um die hohe CO_2-Konzentration in der Atmosphäre zu erklären, *müssen die Freisetzungen sehr viel stärker erhöht worden sein als die anthropogenen Freisetzungen betragen.* Der errechnete Faktor 5 (Ziff. 6.5.4) ist nur eine grobe Abschätzung, es ist aber nur schwer vorstellbar, dass bei genaueren Rechnungen *nichts davon übrig bleibt.*

Was IPCC tatsächlich gemacht hat, muss IPCC selbst erklären. Es sieht aber danach aus, als würde IPCC von der Vorstellung ausgehen, dass die indirekten Rückkopplungen, also die Verstärkung über den Treibhauseffekt, das Geschehen bestimmen, IPCC die erhöhte CO_2-Konzentration aber mit dem Rückhalten eines festen Anteils der anthropogenen Freisetzungen erklären will. Wenn das so stimmt, dann versucht IPCC einen *angenommenen* Effekt mit dem Mechanismus eines *völlig anderen* Effektes zu erklären! Dass das nicht zusammenpasst, scheint IPCC zu übersehen.

6.5.6 IPCC widerspricht sich

Nochmals die Tab. 1: Zum Vergleich mit den eigenen Rechnungen (in grün) sind auch die für heute gültigen Zahlen aus dem neuesten Bericht von IPCC angeführt (in rot). Berechnet wurden letztere mit sehr komplexen Klimamodellen, die zur Berechnung des Kohlenstoffkreislaufes das Bern Carbon Cycle Model (Ziff. 6.16) integriert haben. Es fällt auf, dass die Zahlen mit den grundsätzlichen Vorstellungen von IPCC, nach denen die natürlichen Freisetzungen konstant bleiben und von den anthropogenen Freisetzungen einfach immer die Hälfte in der Atmosphäre verbleibt, *nicht verträglich sind!* Gemäß der Tab. 1 haben sich die natürlichen Werte von 1750 bis heute nämlich *sehr wohl verändert,* sogar stark verändert: So sind die Freisetzungen aus

Biomasse und Ozean in die Atmosphäre *um 18 ppm/a gestiegen* (von 81 auf 99 ppm/a, zusammen mit den 5 ppm/a anthropogenen Freisetzungen macht das dann die in Tab. 1 angegebenen 104 ppm/a aus)! Was auch immer diese Zunahme bewirkt hat, sie hat zwangsweise *viel mehr zum Konzentrationsanstieg beigetragen* als die anthropogenen Freisetzungen von 4 ppm/a (bzw. 5 ppm/a nach IPCC). Eine Diskussion über diesen Widerspruch zu den grundsätzlichen Modellannahmen habe ich bei IPCC *nicht finden können*. In Ziff. 6.10.7 werde ich nochmals kurz darauf zurückkommen.

Nur beim tiefen Ozean, da weist IPCC für 1750 und für heute *gleiche Werte* aus. Allerdings mit einem deutlichen *Ungleichgewicht* (52 ppm/a Entnahme und nur 47 ppm/a Freisetzung), für das ich ebenso *keine Erklärung* gefunden habe. Zumindest für 1750 kann dieses Ungleichgewicht auch nicht stimmen, denn wenn damals Gleichgewicht geherrscht hat, dann *muss* auch dieser Kreislauf ausgeglichen gewesen sein! Im Vorläuferbericht (IPCC, 2013) war das auch so (je 47 ppm/a für Entnahme und Freisetzung).

Einschub, Versuch einer Erklärung: Möglicherweise ist im neuesten IPCC-Bericht einfach ein Druckfehler enthalten: Die direkte Entnahme aus der oberflächennahen Ozeanschicht durch den tiefen Ozean wurde früher (AR 5) mit 90 PgC/a angegeben, im AR 6 sind es 98 PgC/a, alle anderen Werte zum tiefen Ozean stimmen überein, nur hat sich die Darstellung etwas geändert. Ende des Einschubs.

Aber wie auch immer das Ungleichgewicht erklärt wird, es gibt noch ein *zweites Problem:* Dass die Werte für die Flüsse in den und aus dem tiefen Ozean von 1750 bis heute konstant geblieben sind, das kann m. E. *grundsätzlich nicht stimmen*. Die Entnahme durch den tiefen Ozean *muss* zunehmen, wenn man ihm eine höhere Konzentration zur Entnahme anbietet! Und wenn der Austausch mit dem tiefen Ozean unverändert gleich geblieben wäre, dann müsste sich genau so viel CO_2 im »3er-Pack« ansammeln, wie anthropogen freigesetzt wird, was eindeutig nicht der Fall ist (siehe Ziff. 6.5.3). Bei den hier in diesem Buch vorgenommenen Rechnungen (grün im Tab.1) wird das auch berücksichtigt.

Überraschenderweise stimmen die Überschlagsrechnungen hier in diesem Buch beim Kreislauf zwischen der Atmosphäre und der Biomasse *recht gut* mit den Werten von IPCC überein, beim Kreislauf zwischen der Atmosphäre und der oberflächennahen Ozeanschicht stimmen sie sogar *fast vollkommen* überein. Ich werte das als eine *grundsätzliche Bestätigung der hier getroffenen Annahmen*, insbesondere, dass die Entnahme von CO_2 aus der Atmosphäre *weitgehend proportional zur Konzentration erfolgt*. Anscheinend macht IPCC die gleichen Annahmen (und kommt auch zu den gleichen Rechenergebnissen!), sagt in Worten aber etwas anderes (Konstanz der natürlichen Umwälzung!) und zieht offensichtlich auch völlig andere Schlussfolgerungen daraus! Eine Erklärung hierfür habe ich nicht gefunden.

6.5.7 Fehlerbetrachtung

Natürlich sind die hier vorgenommenen Rechnungen nur vereinfachte Überschlagsrechnungen, aber sie folgen einem klaren, von der Physik und der Logik vorgegebenem Schema und ihr Ergebnis ist mehr als deutlich: *Die Freisetzungen müssen sich etwa fünfmal so stark erhöht haben wie die anthropogenen Freisetzungen betragen!* Fünfmal so stark! Es ist *extrem unwahrscheinlich*, dass bei genaueren Rechnungen von diesem enormen Unterschied *nichts mehr übrig bleibt*. Außerdem passt das Ergebnis auch sehr gut zu vielen anderen Überlegungen, die gleichfalls für eine wesentlich erhöhte natürliche Freisetzung sprechen, wie noch gezeigt werden wird. Hier sei nur nochmals ausdrücklich betont, dass der tiefe Ozean diese erhöhte Freisetzung zweifelsfrei *liefern kann* und dass er zumindest infolge der allgemeinen Erwärmung heute auf jeden Fall auch *mehr liefern muss* als früher.

6.5.8 Kurzfassung

Das war jetzt alles recht kompliziert, daher das Wichtigste der Ziff. 6.5 nochmals in Kurzform:

1. Die Atmosphäre tauscht *sehr intensiv* CO_2 mit der Biomasse und mit der oberflächennahen Ozeanschicht (ca. 50 bis 100 m dick) aus. In die

Atmosphäre eingebrachtes CO_2, z. B. die anthropogenen Freisetzungen, verteilt sich daher immer *sehr schnell* auf die drei Speicher Atmosphäre, Biomasse und oberflächennahe Ozeanschicht. Auch in Transienten haben die daher immer *zumindest sehr ähnliche Konzentrationen.* Diese rasche Konzentrationsangleichung ist gewissermaßen die erste Stufe des Geschehens, wenn die Freisetzung in die Atmosphäre erhöht wird.

2. In der zweiten Stufe tauschen dann diese drei Speicher *gemeinsam, wie eine größere Einheit* (ich nenne sie »3er-Pack«), CO_2 mit dem tiefen Ozean aus. Dieser Austausch erfolgt allerdings deutlich *langsamer* als der in Stufe 1. Bei diesem Austausch ist die Entnahme aus dem »3er-Pack« (zumindest angenähert) *proportional* zur Konzentration im »3er-Pack« (und damit zur Konzentration in der Atmosphäre).

3. Die gleichzeitige Freisetzung aus dem tiefen Ozean in den »3er-Pack« ist infolge des riesigen Inventars und der langen Zwischenspeicherzeit im tiefen Ozean von der genannten Entnahme aus dem »3er-Pack« praktisch vollkommen *entkoppelt* und sie hängt *nur* von der Temperatur und von Meeresströmungen und dergleichen ab. Änderungen der Konzentration im »3er-Pack« wirken sich auf diese Freisetzung *erst um 500 bis 1000 Jahre verzögert* aus.

4. Jeder Speicher, also auch die Atmosphäre für sich genommen und auch der »3er-Pack« insgesamt, erhält irgendwelche Freisetzungen (woher auch immer) und in ihm stellt sich dann *immer die Konzentration ein,* bei der die Entnahmen aus ihm (Summe über alle Senken) gerade *gleich groß* sind wie die Freisetzungen in ihn (Summe über alle Quellen). Haben wir kein Gleichgewicht, unterscheiden sich die Entnahmen und die Freisetzungen gerade *um so viel,* wie sich die Konzentration im Moment gerade verändert.

5. In diesem komplexen Wechselwirkungsspiel können wir nur die Konzentration in der Atmosphäre wirklich *messen.* Aber aus der können wir dann, gewissermaßen in Umkehrung der Richtung des realen Ge-

schehens, die zugehörige Entnahmen und Freisetzungen *berechnen*: Die Entnahmen aus der *Proportionalität zur Konzentration* und die Freisetzungen dann aus der (momentanen) *Veränderung der Konzentration*. Diese Rechnungen wurden für die heutige Konzentration von 410 ppm durchgeführt, die Ergebnisse sind in Tab. 1 zusammengestellt.

6.   Das wichtigste Ergebnis ist, dass die anthropogenen Freisetzungen *viel zu klein* sind, um die starke Zunahme der Konzentration bewirkt haben zu können. *Hierzu müssen die Freisetzungen vielmehr etwa fünfmal stärker angestiegen sein!* Das kann nur durch eine *erhebliche Zunahme der natürlichen Freisetzungen* zustande gekommen sein. Der tiefe Ozean *kann* das dafür erforderliche CO_2 zweifelsfrei liefern. Und er *muss* auf jeden Fall auch *mehr liefern*, weil es zweifelsfrei wärmer geworden ist, wodurch auch immer das verursacht worden ist.

7.   Auch IPCC bestätigt *in Zahlen* deutlich verstärkte natürliche Freisetzungen von CO_2, diskutiert den Widerspruch zur grundlegenden Annahme der Konstanz dieser Freisetzungen aber nicht.

6.6 Zwischenbemerkung

Nochmals: Die natürliche Umwälzung reagiert auf eine Veränderung der atmosphärischen Konzentration, indem sie unausgeglichen wird und dadurch dieser Veränderung entgegenwirkt. Diese Reaktion ist ein *entscheidendes Charakteristikum* nicht nur im (kurzfristigen) Kohlenstoffkreislauf, sondern *für die Erde insgesamt: Nur durch diese Abhängigkeit der Umwälzung von der Konzentration kann sich überhaupt ein Gleichgewicht in der Atmosphäre einstellen!* Eben bei *dem* Wert der Konzentration, bei dem Entnahmen und Freisetzungen gleich groß sind. Wäre die Umwälzung unabhängig von der Konzentration, wäre die Atmosphäre *instabil* und wir hätten eine *völlig andere Erde!* IPCC berücksichtigt in seinen Modellen diese Veränderlichkeit der Umwälzung nicht, den Schlussfolgerungen gem. Ziff. 3.1 bis 3.4 fehlt daher die Grundlage!

6.7 Der kontinuierliche Anstieg der Konzentration

Wie schon in Ziff. 2.4 gesagt und auch aus Abb. 1 ersichtlich, ist die CO_2-Konzentration in der Atmosphäre die ganze Zeit über ziemlich gleichmäßig angestiegen. Mindestens in den letzten 10 Jahren betrug der Anstieg konstant ca. 2 ppm/a. Das kann nur sein, *wenn auch die Freisetzungen kontinuierlich steigen.* Anderenfalls, bei konstanten Freisetzungen, stellt sich unabwendbar sehr schnell (innerhalb weniger Jahre!) ein (Fließ)Gleichgewicht ein, bei dem die Entnahmen (alle Senken zusammengenommen) gleich groß sind wie die Freisetzungen (alle Quellen zusammengenommen) und die Konzentration daher *nicht mehr weiter steigt* (Speicher-Grundgesetze, Ziff. 6.3). *Wie stark müssen die Freisetzungen laufend steigen, um das laufende starke Wachsen der Konzentration (2 ppm/a) zu ermöglichen?*

Die CO_2-Konzentration beträgt heute ca. 410 ppm. Ein Anstieg um 2 ppm/a bedeutet einen Zuwachs von ca. 0,5 % pro Jahr. Um diesen Betrag steigt die Konzentration nicht nur in der Atmosphäre, sondern notgedrungen im gesamten »3er-Pack«. Die Freisetzungen von außen in diesen »3er-Pack« betragen derzeit ca. 69 ppm/a (65 ppm/a aus dem tiefen Ozean, 4 ppm/a anthropogen, Tab. 1). Davon 0,5 % sind ca. 0,3 ppm/a. *Mindestens um so viel müssen die (gesamten) Freisetzungen in den »3er-Pack« steigen, damit die Konzentration um die beobachteten 2 ppm/a steigen kann!*

Schauen wir uns dazu Abb. 6 an: Die globalen anthropogenen Freisetzungen sind in den letzten 10 Jahren *kaum noch gewachsen.* Der mittlere Anstieg war jedenfalls deutlich *unter 0,1 ppm/a. Das ist weniger als ein Drittel des Erforderlichen!* Es muss also neben den anthropogenen Freisetzungen auch noch natürliche Freisetzungen geben und die müssen nicht nur *viel höher sein* als die anthropogenen Freisetzungen (Ziff. 6.5), sondern sie müssen auch noch *wesentlich stärker wachsen*, als die anthropogenen Freisetzungen es tun! Die anthropogenen Freisetzungen alleine *können weder die hohe Konzentration noch deren laufendes Wachsen erklären!*

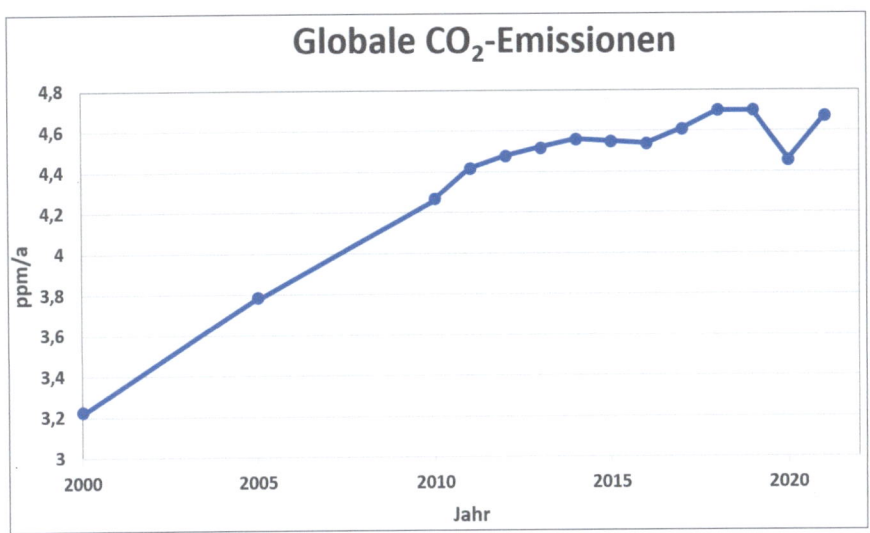

Abb. 6: Weltweite anthropogene CO_2-Emissionen seit 2000. *Der relativ flache Verlauf der Kurve ab ca. 2011 ist wohl ein wenigstens teilweiser Erfolg der weltweiten Bemühungen zur Reduzierung der CO_2-Freisetzungen. Der starke Abfall im Jahr 2020 ist dem wirtschaftlichen Einbruch infolge der Covid-Pandemie geschuldet. Werte nach (Statista, 2021) und (GCP,2022), Wert für 2021 vorläufig.*

6.8 Hoch sein und schnell wachsen

Weil die beiden Argumente zu den natürlichen Freisetzungen,

- dass diese *hoch sein müssen*, weil die Konzentration *hoch ist* (Ziff. 6.5), und

- dass sie *schnell wachsen müssen*, weil die Konzentration *schnell wächst* (Ziff. 6.7),

von zentraler Bedeutung sind, seien ihre (unterschiedlichen) Bedingtheiten nochmals klargestellt:

- Das »Hoch-sein-müssen« der natürlichen Freisetzungen ist an zwei Voraussetzungen geknüpft: Die Entnahmen von CO_2 aus der Atmosphäre müssen *einigermaßen proportional zur Konzentration* in ihr sein *und* die Entnahmen und die Freisetzungen müssen *einigermaßen ausgeglichen sein*, sie dürfen sich also *nicht stark unterscheiden*. Das Letztere ist notwendigerweise erfüllt, weil sonst die Konzentration davonlaufen würde. Die Proportionalität wurde in Ziff. 6.5.2 und 6.5.3 untersucht: Sie gilt vom Grundsatz her und in der Realität gilt sie zumindest angenähert. Das »Hoch-sein-müssen« ist daher *prinzipiell richtig*, streiten kann man nur darüber, *wie hoch sie tatsächlich sind*. Ermittelt wurde, dass die gesamten Freisetzungen *um den Faktor fünf größer sein müssen* als die anthropogenen Freisetzungen sind!

■ Das »Schnell-wachsen-müssen« der natürlichen Freisetzungen ist an zwei *andere* Voraussetzungen geknüpft: Die Freisetzungen *müssen die Konzentration bestimmen* und die Umwälzung *muss hoch sein*. Die erste Voraussetzung ist immer dann erfüllt, wenn die Entnahmen von der Konzentration abhängen (nach Ziff. 6.4 tun sie das!) und am erfüllt Sein der zweiten Voraussetzung zweifelt eigentlich niemand. Ermittelt wurde, dass die gesamten Freisetzungen mindestens *um den Faktor drei schneller wachsen müssen*, als die anthropogenen Freisetzungen wachsen!

Insgesamt verbleibt daher kaum Spielraum, an den *wesentlich gewachsenen und stark weiter wachsenden* natürlichen Freisetzungen zu zweifeln. Das wird noch dadurch verstärkt, dass es ja zwei getrennte Kreisläufe gibt (zwischen Atmosphäre und Biomasse und zwischen Atmosphäre und Ozean), die sich in ihren physikalischen Prozessen deutlich unterscheiden, und realistisch in beiden Kreisläufen gravierende Korrekturen vorgenommen werden müssten, um ein grundsätzlich anderes Ergebnis zu erreichen. Es ist daher sehr wahrscheinlich, dass die wichtigste Ursache für das Hoch-sein und für das Schnell-wachsen ein Effekt ist, der auf *beide* Kreisläufe Einfluss hat. Die allgemeine Erwärmung wäre so eine »gemeinsame Ursache«. Wesentlich mehr Freisetzung aus natürlichen als aus anthropogenen Quellen scheint damit nicht nur *unumgänglich notwendig* zu sein, sondern es gibt auch eine *plausible Erklärung* hierfür.

6.9 Die jahreszeitlichen Zyklen

Aus Abb. 1 ist ersichtlich, dass der einigermaßen gleichmäßige Anstieg der CO_2-Konzentration von jahreszeitlichen Zyklen in der Höhe von ca. 6 ppm überlagert wird (gilt für die Messungen auf dem Mauna Loa, die Stärke dieser Zyklen ist stark von der geografischen Breite abhängig, im weltweiten Mittel ist sie wahrscheinlich etwas höher als am Mauna Loa). Auch auf die Erklärung durch das Wechselspiel von CO_2-Entnahme durch Fotosynthese und CO_2-Rückgabe durch Respiration und Verrottung bei unterschiedlicher Verteilung der Biomasse auf der Nord- und der Südhalbkugel wurde schon hingewiesen.

Wichtig ist aber vor allem, dass diese jahreszeitlichen Zyklen von mindestens ca. 6 ppm/a *nur möglich sind*, wenn jedes Mal mindestens ca. 6 ppm *freigesetzt werden*, die dann zum Großteil während des Jahres auch wieder *verschwinden müssen* (es muss eigentlich sogar noch mehr freigesetzt werden und noch mehr verschwinden, weil Freisetzung und Verschwinden sich ja zum Teil überlagern). Nimmt man die anthropogenen Freisetzungen von ca. 4 ppm/a noch dazu, dann werden jährlich sogar *mindestens ca. 10 ppm freigesetzt,* von denen dann *auf jeden Fall ca. 8 ppm auch wieder abgebaut* werden müssen, sonst würde die Konzentration davonlaufen! 8 von 10 ist *wesentlich mehr als 50 %.* Ich kann nicht verstehen, wie IPCC seine Ansicht aufrechterhält, dass *50 % der jährlichen Freisetzungen langfristig in der Atmosphäre verbleiben* (siehe hierzu auch Ziff. 6.14.3).

Auch das Argument einer beschränkten Aufnahmekapazität der Senken trägt meines Erachtens nicht: Wenn die Senken durch Aufnahme von 50 % der anthropogenen Freisetzungen ausgelastet wären, dann müsste nicht nur die Hälfte der anthropogenen Freisetzungen in der Atmosphäre verbleiben, sondern zusätzlich auch *die gesamten jahreszeitlich bedingten Freisetzungen.* Das tun sie aber eindeutig nicht!

Starke jahreszeitliche Zyklen sind mit einem langfristigen Verbleib von 50 % der Freisetzungen wohl *prinzipiell nicht verträglich!*

6.10 Vergleich mit IPCC

6.10.1 Modelle

Ein »Modell« ist eine mehr oder weniger gute *Annäherung an die Wirklichkeit*. Es dient vor allem dazu, bestimmte Aspekte dieser Wirklichkeit transparent und besser verstehbar zu machen. Z. B. ist die IPCC-Annahme, dass 50 % der anthropogenen Freisetzungen rasch der Atmosphäre wieder entnommen werden und die anderen 50 % langfristig in ihr verbleiben, so ein Modell. Mit ihm können etwa Prognosen über die zukünftige CO_2-Konzentration in der Atmosphäre in Abhängigkeit von zukünftigen Freisetzungen gemacht werden. Wie zuverlässig solche Ergebnisse sind, hängt neben der Unsicherheit der Annahmen über die zukünftigen Freisetzungen vor allem von der Güte der Übereinstimmung des Modells mit der Wirklichkeit ab. Z. B. beim genannten IPCC-Modell: Sind es wirklich 50 %, die langfristig in der Atmosphäre verbleiben? Oder nur 40 %? Oder gar 60 %? Oder ist es doch *kein fester Prozentsatz*, weil die Entnahme eben nicht von der (gleichzeitigen) Freisetzung abhängt?

Zu beachten ist ferner, dass ein Modell immer nur bestimmte Aspekte der Wirklichkeit abbildet und andere Aspekte ausblendet. Im einfachen 50 %-Modell von IPCC wird beispielsweise der Einfluss der Temperatur nicht abgebildet. Da ist die Wirklichkeit eben viel komplizierter als das Modell. Mit dem Modell kann daher keine Aussage gemacht werden, welche Auswirkungen eine Änderung der Temperatur auf die CO_2-Konzentration in der Atmosphäre hat. Will man dazu etwas sagen, sind *weitere Überlegungen* notwendig. Oder, in diesem Modell wird zu den Geschwindigkeiten nur die grobe Annahme gemacht, dass die einen 50 % »rasch« der Atmosphäre entnommen werden und die anderen 50 % »langfristig« verbleiben. »Rasch« und »langfristig« orientieren sich dabei an dem Zeitrahmen, für den mit dem Modell üblicherweise Aussagen gemacht werden, »rasch« ist deutlich kürzer als dieser Zeitrahmen, »langfristig« ist deutlich länger. Um wie viel kürzer und um wie viel länger, wird im Modell nicht näher behandelt. Will man etwas Genaueres zu den Geschwindigkeiten sagen, sind auch hier weitere Überlegungen notwendig! Das wird in Ziff. 6.13 versucht.

6.10.2 Vergleiche

Bisher habe ich im wesentlichen Aussagen zum vorindustriellen Gleichgewicht bei 280 ppm und zum heutigen Zustand bei 410 ppm diskutiert. Anhand von zwei Punktaussagen kann man prinzipiell nicht beurteilen, ob ein Modell das Geschehen in seinem *Ablauf* und in seiner *Abhängigkeit von verschiedenen Parametern* richtig beschreibt. Um das trotzdem für das »50 %-Modell« von IPCC (feste airborne fraction von 50 %, unabhängig von der Höhe der Freisetzungen und unabhängig von der erreichten Konzentration) beurteilen zu können, seien nachfolgend die Aussagen dieses Modells den aus den bisherigen Betrachtungen ermittelten physikalischen Erkenntnissen (nachfolgend einfach »physikalische Sicht« genannt) bei drei Gedankenexperimenten gegenübergestellt. Es werden sich gravierende Unterschiede ergeben.

Hinweis: Eine nochmals andere Betrachtungsweise der Atmosphäre wird in Ziff. 6.13.5 kurz diskutiert und weiterführende Überlegungen zum Bern Carbon Cycle Model werden in Ziff. 6.16 vorgenommen.

6.10.3 Gedankenexperiment 1

Ausgehend vom Gleichgewicht bei einer Konzentration in der Atmosphäre von 280 ppm und natürlicher Umwälzung von 80 ppm/a (das ist grundsätzlich die Situation, wie wir sie vor Beginn der Industrialisierung hatten) mögen kontinuierlich 4 ppm/a aus beliebiger Quelle zusätzlich freigesetzt werden (das ist eine Erhöhung der Freisetzungen um 5 %, etwa entsprechend den heutigen anthropogenen Freisetzungen). Was passiert?

- Nach IPCC *bleibt die Hälfte* der zusätzlichen Freisetzungen in der Atmosphäre, sodass die Konzentration kontinuierlich *um 2 ppm/a ansteigt*, immerfort. Aber das ist reine Mathematik nach einer vorgegebenen Formel, ohne dass eine physikalische Basis hierfür erkennbar wäre.

- Aus der »physikalischen Sicht« muss die Konzentration als Antwort auf die gestiegenen Freisetzungen steigen und damit muss die natürliche Umwälzung unausgeglichen werden, mit Überwiegen der Entnahmen aus der Atmosphäre gegenüber den Freisetzungen in sie (Ziff. 6.5.1). Diese

Unausgewogenheit der natürlichen Umwälzung wird umso größer, je höher die Konzentration wird. Nach einiger Zeit erreicht die Unausgewogenheit den Wert der zusätzlichen Freisetzungen (hier 4 ppm/a). Dann wird, alle Quellen und alle Entnahmen berücksichtigt, wieder ein Fließgleichgewicht erreicht. In diesem Fließgleichgewicht nimmt die Konzentration trotz anhaltender erhöhter Freisetzungen *nicht mehr weiter zu.* Theoretisch könnte dieses Fließgleichgewicht unendlich lange fortgesetzt werden, ohne dass die Konzentration weiter steigt. Das »feste CO_2-Budget« zum Einhalten eines bestimmten Erwärmungswertes (Ziff. 3.4) ist *physikalisch nicht zu begründen!*

Wir können sogar quantifizieren, allerdings müssen wir dafür den Übergang von der Betrachtung der Atmosphäre hin zur Betrachtung des »3er-Packs« machen, der ja als Einheit reagiert (Ziff. 6.5.4): Die 4 ppm/a anthropogene Freisetzungen sind dann an der natürlichen Umwälzung zu messen, die für diesen »3er-Pack« gilt, nach Tab. 1 sind das ca. 50 ppm/a (bei 280 ppm Konzentration). Die 4 ppm/a betragen also nicht ganz 10 %. Damit bewirken sie dann auch eine Erhöhung der Konzentration um knapp 10 %, diese steigt also auf nicht ganz 310 ppm an und bleibt dann da stehen. *Mehr kann durch Freisetzungen von 4 ppm/a nicht erreicht werden, auch wenn die 4 ppm/a beliebig lange anhalten!*

Anmerkung: Die aus physikalischer Sicht hier gegebene Antwort gilt streng genommen nur, wenn die zusätzlichen Freisetzungen von 4 ppm/a aus dem Ozean oder aus der Biomasse stammen (interne Quelle, innerhalb des kurzfristigen Kohlenstoffkreislaufs) und damit letztlich im Kreis geführt werden. Falls sie jedoch aus einer externen Quelle stammen (z. B. aus der Verbrennung fossiler Energieträger), sind diese Freisetzungen erstens nicht unbegrenzt verfügbar (»beliebig lang« geht dann nicht) und zweitens ist dann das Fließgleichgewicht für die Atmosphäre nicht wirklich konstant: Es wird zwar zunächst prinzipiell vergleichbar schnell erreicht wie bei einer internen Quelle, anschließend aber bleibt es nicht wirklich konstant, sondern nimmt mit der Gesamt-Kohlenstoffmenge im kurzfristigen Kohlenstoffkreislauf langsam zu, solange die zusätzlichen Freisetzungen fortgesetzt werden! Infolge des großen Inventars vor allem im tiefen Ozean und der langen Zwischenspeicherung dort erfolgt dieser Anstieg des Fließgleichgewichtes aber nur sehr langsam. Für Überlegungen im Zeitrahmen von einigen Jahrhunderten ist er daher nur von untergeordneter Bedeutung.

6.10.4 Gedankenexperiment 2

Wir betrachten Gleichgewicht bei 420 ppm Konzentration (was nahe am heutigen Zustand ist). Wie kann dieser Zustand vom Ausgangszustand im Gedankenexperiment 1 aus erreicht werden? Anders ausgedrückt: Wie kann die Konzentration um 50 % erhöht werden?

- Nach IPCC, indem *genau so viel* CO_2 zusätzlich freigesetzt wird (in beliebiger zeitlicher Verteilung!), wie im Ausgangszustand bereits in der Atmosphäre vorhanden war, und dann *alle zusätzlichen Freisetzungen beendet* werden. Aber auch das ist wieder reine Mathematik nach einer vorgegebenen Formel, ohne dass eine physikalische Basis hierfür erkennbar wäre.

- Aus der »physikalischen Sicht« durch Erhöhen der Freisetzungen in den »3er-Pack« um 50 % und anschließendes Halten auf diesem Wert. Nach Tab. 1 wurden früher ca. 50 ppm/a in den »3er-Pack« freigesetzt. 50 % von ca. 50 ppm/a sind ca. 25 ppm/a. Bei diesen zusätzlichen Freisetzungen steigt die Konzentration in der Atmosphäre auf ca. 420 ppm und bleibt dann dort stehen, solange die Freisetzungen in dieser Höhe fortgesetzt werden. Hat man statt der erforderlichen ca. 25 ppm/a nur ca. 4 ppm/a an Freisetzungen zur Verfügung (eben die anthropogenen Freisetzungen), dann geht es nur bis knapp 310 ppm, siehe Gedankenexperiment 1.

Anmerkung: Zum Fließgleichgewicht siehe die Anmerkung zum Gedankenexperiment 1.

6.10.5 Gedankenexperiment 3

Was passiert, wenn bei einem Zustand von 420 ppm Konzentration mit anthropogenen Freisetzungen von 4 ppm/a (entspricht ungefähr dem heutigen

Zustand) die anthropogenen Freisetzungen vollständig beendet werden (entspricht »zero carbon«)?

- Nach IPCC nicht viel, die Konzentration bleibt praktisch konstant. Deswegen, weil der größte Teil von dem CO_2, das überhaupt die Atmosphäre verlässt, das *schon getan* hat, und das CO_2, das noch hier ist, grundsätzlich *dauerhaft in der Atmosphäre verbleibt* (siehe auch Ziff. 6.16). Wenn wir Menschen die Konzentration nennenswert reduzieren wollen, dann genügt es nach IPCC nicht, alle unsere Emissionen zu beenden, wir müssen vielmehr auch *aktiv CO_2 aus der Atmosphäre entnehmen*, etwa durch Abtrennung und Endlagerung.

- Aus der »physikalischen Sicht« hängt die zukünftige Entwicklung entscheidend *von den Veränderungen der natürlichen Quellen* ab. Diese natürlichen Quellen müssen sich bisher ganz wesentlich stärker verändert haben als die anthropogenen Freisetzungen betragen, nur um die hohe heutige Konzentration überhaupt zu erreichen und zu halten. Wenn nur die kleinen anthropogenen Freisetzungen beendet werden, wird das nicht viel Einfluss auf die weitere Entwicklung haben. Höchstwahrscheinlich werden auch in der Zukunft die natürlichen Veränderungen bestimmend sein. Wohin sich diese entwickeln werden, wissen wir nicht.

Anmerkung: Die Antworten von IPCC wurden auf Basis des Modells mit Verbleib von ca. 50 % in der Atmosphäre gegeben. Das alternativ von IPCC verwendete Bern Carbon Cycle Model (Ziff. 3.1 und 6.16) kommt prinzipiell zu einem ähnlichen, quantitativ aber zu einem *merklich abweichenden* Ergebnis, weil bei ihm nur etwa ein Fünftel der anthropogenen Freisetzungen in der Atmosphäre verbleibt und der Anstieg der Konzentration deshalb entsprechend langsamer verläuft. Er verläuft aber genauso kontinuierlich ad infinitum weiter, die Widersprüche zur Physik sind *prinzipiell die gleichen*. Es kommen nur noch zusätzliche Probleme hinzu, siehe Ziff. 6.16.

6.10.6 Ergebnis

Die Ansichten von IPCC führen zu einem Verhalten der Atmosphäre, für das eine Erklärung auf Basis der Gesetze der Physik *nicht erkenntlich ist.* Den von

IPCC gezogenen Schlussfolgerungen (Ziff. 3.1 bis 3.4) *fehlt daher die physikalische Basis.*

6.10.7 Ein grundsätzliches Problem

Gezeigt wurde, dass die grundsätzliche Anschauung von IPCC, die natürlichen Entnahmen und Freisetzungen würden unverändert bleiben und von den hinzugekommenen anthropogenen Freisetzungen würden einfach 50 % in der Atmosphäre verbleiben, zu physikalisch schwer zu verstehenden Modellaussagen führt. In Tab. 1 und in Ziff. 6.5.5 wurde auch schon gezeigt, dass IPCC *selbst Zahlen nennet*, die mit diesen grundlegenden Anschauungen von IPCC *gar nicht übereinstimmen!* Möglicherweise könnte das auch daran liegen, dass IPCC versucht, ein Geschehen (die Zunahme der CO_2-Konzentration) als Folge einer *kleinen Störgröße* (der anthropogenen Freisetzungen) zu erklären, das eigentlich durch das Zusammenspiel oder vielmehr Gegeneinander von *zwei sehr großen*, im Detail aber nicht näher bekannten Größen bestimmt wird: der *gesamten Freisetzung* und der *gesamten Entnahme*. Ein solches Unterfangen wird in der Wissenschaft generell als problematisch erachtet und es geht auch häufig nicht gut. Die IPCC-Klimamodelle könnten ein Beispiel hierfür sein.

6.11 Der falsche Blickwinkel

Die gute Durchmischung der Atmosphäre (Ziff. 6.4) bewirkt auch, dass alle Freisetzungen von CO_2 in sie in ihr *in einer einheitlichen Mischung enden* und alle Entnahmen von CO_2 aus ihr *dieser einheitlichen Mischung entnommen werden*. Man kann *keine getrennten CO_2-Ströme* durch die Atmosphäre hindurch verfolgen, etwa von Quelle X zu Senke X', oder von Quelle Y zu Senke Y', es gibt nur eine *einheitliche* Strömung durch die Atmosphäre hindurch. Die gute Mischung in der Atmosphäre entspricht hinsichtlich des Ursprungs der CO_2-Moleküle immer dem *Verhältnis der Stärke der Quellen* (siehe hierzu auch Ziff. 6.12), nur sind die Moleküle eben alle wild durcheinandergewürfelt. Von *keinem* CO_2-Molekül in der Atmosphäre kann man sagen, *aus welcher Quelle* es stammt, *wie lange* es schon in der Atmosphäre ist und *wann und in welche Senke* es einmal ausgelagert werden wird. Entsprechend kann man auch von keinem CO_2-Molekül, das der Atmosphäre *entnommen* wird, sagen, *wann und aus welcher Quelle* es dorthin gekommen ist. Freisetzung und Entnahme von CO_2 in die bzw. aus der Atmosphäre sind *vollkommen voneinander entkoppelt* und nur durch das *Gebot des Ausgleichs von Freisetzung und Entnahme* zum Erhalt der Masse (Massenbilanz) miteinander verbunden (Achtung: Gilt für momentane Flüsse, nicht für über längere Zeiträume transportierte Mengen).

Es ist daher *grundsätzlich der falsche Blickwinkel*, wenn IPCC zu analysieren versucht, *was mit dem anthropogen in die Atmosphäre freigesetzten CO_2 geschieht*. Man kann nur analysieren, *was mit dem in der Atmosphäre vorhandenen CO_2 geschieht*. Das wurde bereits untersucht: Die Entnahme ist zumindest angenähert *proportional zur Konzentration* und sie ist nach menschlichem Ermessen *unabhängig von der (gleichzeitigen) Freisetzung!* Für die von IPCC angenommene feste »airborne fraction« von 50 % (oder von irgendeinem anderen festen Wert) *ist keine physikalische Basis erkennbar*. So ein Wert kann höchstens *als Zufall eintreten, nicht aber generell*. Prognosen auf so einer Basis sind daher *prinzipiell nicht gesichert!* Am falschen Weg zum richtigen Ziel zu kommen, funktioniert höchst selten.

6.12 Was hat die erhöhte CO_2-Konzentration verursacht?

6.12.1 Vorbemerkung

Zur Erinnerung: Wir haben heute sehr viel mehr CO_2 in der Atmosphäre als früher (410 statt 280 ppm). Es wurde bereits dargelegt, dass das nur durch erhebliches Wachsen der natürlichen Freisetzungen erreicht werden konnte (Ziff. 6.5). Auch wurde gezeigt, dass die natürlichen Freisetzungen zusätzlich auch laufend erheblich wachsen müssen, weil die Konzentration laufend um ca. 2 ppm/a wächst (Ziff. 6.7). Was dieses starke Wachsen der Freisetzungen verursacht hat, wurde schon mehrfach angesprochen. Nachfolgend werden noch ein paar weitere Gesichtspunkte hierzu diskutiert, die auch in der Literatur immer wieder auftauchen.

6.12.2 Nur die anthropogenen Freisetzungen?

Nach Meinung von IPCC haben *nur* die anthropogenen Freisetzungen die Konzentrationszunahme in der Atmosphäre bewirkt (Ziff. 3.1). In Ziff. 6.5 wurde aber gezeigt, dass sich das von den Zahlen her nicht ausgeht: Sowohl in ihrem absoluten Wert als auch in ihrem Wachstum sind die anthropogenen Freisetzungen dazu *viel zu klein*. Andere Ursachen *müssen den Hauptteil beisteuern!*

Das »nur« von IPCC kann aber *schon vom Ansatz her* nicht stimmen: Infolge der eingetretenen allgemeinen Erwärmung (was auch immer diese verursacht hat, eingetreten ist sie auf jeden Fall!) haben sich die Freisetzungen sowohl aus dem Ozean als auch aus der Biomasse *unvermeidlich erhöht!* Beim Ozean ist das die Folge der abnehmenden Löslichkeit von Gasen in Wasser mit steigender Temperatur (Ziff. 6.5.3) und bei der Biomasse ist das die Folge des höheren CO_2-Austausches mit der Atmosphäre und der insgesamt gewachsenen Masse (Ziff. 6.5.2). *»Alleinige Ursache« geht daher gar nicht! Ziff. 3.1 kann nicht richtig sein!*

Offen beim heutigen Stand der Kenntnisse ist nur, ob diese beiden unvermeidlichen Folgen der Erwärmung tatsächlich ausreichen, die große Differenz zwischen den insgesamt erforderlichen Freisetzungen und den viel kleineren anthropogenen Freisetzungen zu erklären. Das ist schwer zu sagen. Aber wenn nicht, dann gibt es noch weitere mögliche Quellen für CO_2, z. B. Umlagerungen von Meeresströmungen mit unterschiedlichem CO_2-Gehalt oder vulkanische Ausgasungen. Über beides wissen wir nur sehr wenig. Wie viel CO_2 insgesamt freigesetzt werden muss, um die 410 ppm Konzentration und den weiteren Zuwachs von 2 ppm/a überhaupt zu erreichen, wurde schon abgeschätzt. *Aus welchen Quellen* diese erhöhten Freisetzungen stammen, muss noch weiter erforscht werden. Man könnte auch sagen: An die Stelle der »Missing Sink« von früher (Ziff. 4) ist heute eine »Missing Source« getreten. Welche Quelle hat wie viel zur CO_2-Erhöhung beigetragen? Die pauschale Antwort haben wir schon gefunden: Der tiefe Ozean hat seine Freisetzungen von 47 auf 65 ppm/a erhöht (Tab. 1). Details bedürfen noch weiterer Abklärung.

6.12.3 Eine Senke ist keine Quelle

In einschlägigen Diskussionen wird manchmal einer erhöhten CO_2-Freisetzung aus natürlichen Quellen entgegengehalten, dass »*eine Senke keine Quelle*« ist. Ozean und Biomasse wären immer eine Senke für das anthropogen freigesetzte CO_2 gewesen (Konzentrationszuwachs in der Atmosphäre langsamer als die anthropogenen Freisetzungen!) und sie wären es auch heute noch. *Sie könnten daher gar keine zusätzliche Quelle sein und die Konzentration erhöhen!*

Diese Argumentation übersieht jedoch, dass Ozean und Biomasse *immer gleichzeitig sowohl Senke als auch Quelle sind* (das ist ja gerade die Umwälzung!). Ein gegenseitiger Ausschluss von Senke und Quelle besteht daher schon vom Grundsatz her nicht! Nachdem alle Freisetzungen in die Atmosphäre sehr rasch im »3er-Pack« gleichverteilt werden (Ziff. 6.5.4) kommt es auf die Wechselwirkung mit dem tiefen Ozean an. Im Gleichgewicht war die notwendigerweise ausgeglichen. Wäre sie es auch heute noch, würde sich genauso viel CO_2 im »3er-Pack« ansammeln, wie anthropogen freigesetzt wird (ca. 4 ppm/a). Da sich aber nur halb so viel ansammelt, muss der tiefe Ozean die Differenz von ca. 2 ppm/a aufnehmen, er muss also heute um 2 ppm/a *mehr entnehmen als er freisetzt*. Das hatten wir schon in Ziff. 6.5.3. Hier nochmals die Aussage, dass das Niveau, auf dem diese Differenz von 2 ppm/a übertragen wird, durch die Konzentration vorgegeben wird: Die bestimmt die Entnahme und aus der Differenz ergibt sich dann die Freisetzung. Mit der Differenz ist der tiefe Ozean (netto) eine Senke, mit den Freisetzungen ist er (stets) eine Quelle. Und wenn die Freisetzungen heute höher sind als früher, dann ist er heute eben eine *stärkere Quelle*, als er früher war, aber er ist eben *gleichzeitig* auch eine Senke, die sogar noch stärker gewachsen ist. Es sei daran erinnert, dass die Flussgrößen der natürlichen Umwälzung auf jeden Fall *sehr viel größer* sind als die anthropogenen Freisetzungen. Das Gesamtergebnis wird daher von ihrem *Verhältnis zueinander* bestimmt, nicht von den sehr viel kleineren anthropogenen Freisetzungen. Es wedelt eben der Hund mit dem Schwanz und nicht umgekehrt.

6.12.4 Einfrieren der Freisetzungen auf ihrem heutigen Niveau

Was würde passieren, wenn es gelänge, die (gesamten!) Freisetzungen auf ihrem heutigen Wert konstant zu halten? Bei konstant angenommenen natürlichen Freisetzungen wäre das gleichbedeutend mit einem *Einfrieren der anthropogenen Freisetzungen auf ihrem heutigen Wert* (das wäre dann nicht »zero carbon«, sondern »zero carbon increase«): Dann würde die Konzentration zunächst weiter *steigen*, und mit ihr auch die Entnahme. Aber nur, *bis sich ein neues Gleichgewicht einstellt. Wo? Dort, wo die Entnahme so groß ist wie die Freisetzung.* Wenn wir heute Freisetzungen von 116 ppm/a und Entnahmen von 114 ppm/a haben (Tab. 1), dann liegt das neue Gleichgewicht eben bei einer Entnahme von 116 ppm/a und die zugehörige Konzentration beträgt 410 × 116/114 = ca. 417 ppm! *Höher steigt die Konzentration nicht!*

Dabei spielt die Ungenauigkeit der berechneten großen Flüsse keine große Rolle. Wichtig ist nur, dass wir bei der sehr hohen Umwälzung und nur relativ langsam ablaufenden Veränderungen zwangsweise stets *nahe am Gleichgewicht* sind, sodass dieses dann bei konstant gehaltenen Freisetzungen auch *sehr schnell erreicht wird* (innerhalb weniger Jahre und mit nur geringen Veränderungen!). *Dann tut sich nichts mehr!*

Konsequenzen: Nehmen wir einmal an, dass IPCC mit seiner Ansicht zu CO_2 als maßgeblichem Klimatreiber und prinzipiell konstanten natürlichen Freisetzungen richtig läge: Dann würde bereits ein *Einfrieren der anthropogenen Freisetzungen genügen, die Klimaerwärmung sehr rasch zum Stoppen zu bringen,* ein Reduzieren wäre dann gerade *nicht erforderlich!* Mehr hierzu in Ziff. 6.15.

6.12.5 CO_2-Zusammensetzung proportional zu den Quellstärken

Die Atmosphäre, die Biomasse und die oberflächennahe Ozeanschicht sind immer sehr gut durchmischt und sie reagieren alle drei zusammen als »3er-Pack« mit dem tiefen Ozean (Ziff. 6.5.4). Dieser »3er-Pack« erhält CO_2 aus zwei Quellen: Aus dem tiefen Ozean und aus anthropogenen Freisetzungen (weitere mögliche Quellen, wie z. B. Vulkanismus, unberücksichtigt gelassen). Infolge des hohen und konzentrationsabhängigen CO_2-Austausches des »3er-Packs« mit dem tiefen Ozean muss die herkunftsmäßige Zusammensetzung der CO_2-Moleküle im »3er-Pack« *immer der relativen Stärke der Quellen entsprechen.* Wenn die anthropogenen Freisetzungen nur ca. 6 % der gesamten Freisetzungen in den »3er-Pack« ausmachen (ca. 4 ppm/a von insgesamt ca. 69 ppm/a, Tab. 1), dann *können auch nur ca. 6 % der CO_2-Moleküle im »3er-Pack« aus anthropogenen Quellen stammen! Die anthropogenen Freisetzungen können die Konzentration daher nur um ca. 6 % erhöht haben.* Wenn ca. 50 % hinzugekommen sind (Anstieg von 280 auf 410 ppm), dann *muss der Großteil aus einer anderen Quelle kommen,* hier eben aus dem tiefen Ozean! Infolge der allgemeinen Erwärmung *muss* der auch mehr CO_2 abgegeben haben. Ob diese Erwärmung alleine aber ausreicht, oder ob auch andere Prozesse mitbeteiligt sind, z. B. Umlagerungen von Meeresströmungen, kann dahingestellt bleiben, hier kommt es nur darauf an, dass die relativ kleinen anthropogenen Freisetzungen alleine so große Änderungen *nicht bewerkstelligen können!*

Dem wird manchmal ein Fass entgegengehalten, bei dem über eine Umwälzschleife mit Pumpe konstant Wasser umgewälzt wird. Wird zusätzlich auch nur eine minimale Wassermenge kontinuierlich weiter zugegeben, steigt der Wasserspiegel im Fass immer weiter an, bis es überläuft. Das widerlegt angeblich die Überlegungen zu den begrenzten Auswirkungen einer kleinen zusätzlichen Quelle. Dieses Wasserfass ist jedoch *kein zulässiges Modell* für die Atmosphäre (bzw. für den »3er-Pack«), weil bei ihm *die Umwälzung per Vorgabe konstant gehalten wird!* Dann hat sie trivialerweise keinen Einfluss auf das Wasservolumen im Fass. Das *gesamte zugegebene Wasservolumen* (nicht die einzelnen Tropfen als solche, wohl aber das entsprechende Volumen) verbleibt dann im Fass und schon »ein steter Tropfen kann es zum Überlaufen bringen«. In der Atmosphäre (bzw. im »3er-Pack«) ist das jedoch in zwei Punkten *entscheidend anders:* Erstens wächst in ihr das CO_2-Inventar nachweislich der Beobachtungen *nur im halben Ausmaß* der anthropogenen Freisetzungen, irgendetwas *muss daher anders sein* als beim Fass mit konstanter Umwälzung! Und zweitens ist die Umwälzung nach den Regeln der Physik gerade *nicht konstant, sondern konzentrationsabhängig* (Ziff. 6.5): Je höher die Konzentration ist, desto *stärker unausgeglichen* wird die Umwälzung! Das bringt den Konzentrationsanstieg unvermeidbar *rasch zum Erliegen*. Es stimmt daher schon: Kleine Zugaben können die Konzentration in der Atmosphäre (bzw. im »3er-Pack«) *nur wenig erhöhen!* Gemessen an den natürlichen Freisetzungen sind die anthropogenen Freisetzungen nur »kleine Zugaben«. Auch daraus folgt, dass es eine *erhebliche(!) zusätzliche Quelle geben muss!*

6.12.6 Sauerstoff in der Atmosphäre

Als angeblicher Beweis dafür, dass das viele CO_2 in der Atmosphäre Folge der Verbrennung fossiler Energieträger ist und damit vom Menschen verursacht sein muss, wird oft auch angeführt, dass die Sauersoff-Konzentration in der Atmosphäre zurückgegangen ist, parallel mit den anthropogenen Freisetzungen, und das genau so stark, wie Sauerstoff für die Verbrennung von Kohlenstoff verbraucht wird. Das beweise die anthropogene Herkunft des vielen CO_2, wird gesagt. Aber tatsächlich beweist es nur, dass wir die Mengen der fossilen Energieträger, die verbrannt wurden, richtig einschätzen. Über den *Verbleib* des Verbrennungsproduktes CO_2 sagt es nichts aus. Die Sauersoff-Konzentration wäre exakt im gleichen Ausmaß zurückgegangen, wenn das gesamte bei der Verbrennung produzierte CO_2 vollständig in der Atmosphäre verblieben wäre, oder, wenn der Ozean das gesamte CO_2 vollständig aufgenommen hätte, oder, wenn der Ozean aus seinen Beständen zehnmal so viel CO_2 freigesetzt hätte. Die *Sauerstoff*-Bilanz wäre immer noch dieselbe. Das Argument »Sauerstoff-Konzentration« *taugt einfach nicht*, die Herkunft des vielen CO_2 zu klären!

6.13   Das Zeitkonstanten-Problem

6.13.1 Eingangsbemerkungen

Das zeitliche Verhalten von CO_2 in einem Speicher (z. B. Atmosphäre) wird durch »Zeitkonstanten« beschrieben. Die Zeitkonstante gibt an, wie lange es dauert, bis ein Prozess um den Faktor e (auf ca. 37 %) abgeklungen (oder entsprechend angewachsen) ist. Bei Exponentialfunktionen ist das ein zeitlich fester Wert, die Bezeichnung »Konstante« also gerechtfertigt. Multipliziert man die Zeitkonstante mit dem natürlichen Logarithmus von 2 (ca. 0,69), so erhält man (bei Exponentialfunktionen) die »Halbwertszeit«, das ist die Zeit, innerhalb der der Prozess auf die Hälfte abgeklungen ist (beim Anwachsen »Verdoppelungszeit«). Bei anderen Funktionen als Exponentialfunktionen kann man genauso Zeitkonstante und Halbwertszeit angeben, nur verändern die dann ihren Wert mit der Zeit und sie stehen auch nicht in einem festen Verhältnis zueinander.

In der Literatur gibt es eine Vielfalt einschlägiger Begriffe, z. B. »lifetime«, »e-time«, »e-folding time«, »decay constant«, »half-live«, »residence time«, »response time«, »transit time«, »turnover time«, »adjustment time«, oder im Deutschen »Umwälzzeit«, »Verweilzeit« »Lebensdauer«, »Anpassungszeit«, »Halbwertszeit«, etc. Diese Begriffe werden jedoch leider nicht einheitlich verwendet und meist auch nicht näher definiert. Das macht Diskussionen oft unfruchtbar.

Eine wichtige Rolle bei den Auseinandersetzungen über die Entwicklung der CO_2-Konzentration in der Atmosphäre bzw. deren Ursache spielt die Frage, ob die Umwälzung des CO_2 zwischen der Atmosphäre und dem Ozean + Biomasse einerseits und der Abbau einer durch eine Störung überhöhten CO_2-Konzentration in der Atmosphäre andererseits sich *zeitlich unterschiedlich verhalten oder nicht*. Die Anhänger von »unterschiedlich« rechtfertigen das mit einem *prinzipiellen Unterschied* zwischen einem »Kreisfluss« (bei dem CO_2 durch die Atmosphäre hindurch umgewälzt wird) und einem »Senkenfluss« (bei dem CO_2 netto der Atmosphäre entnommen wird). Das wären eben zwei verschiedene Vorgänge und daher könnten sie auch unterschiedlich schnell ablaufen. Meist werden diese beiden Begriffe aber gar nicht genauer definiert, die beste Voraussetzung dafür, keine Einigung zu erzielen. Mehr zu den Definitionen kommt noch.

6.13.2 Vorüberlegungen

Zur Veranschaulichung sei das Problem anhand von 2 Wasserbehältern demonstriert, siehe Abb. 7: Ein kleiner und ein sehr viel größerer Wasserbehälter (so viel größer, dass Änderungen des Wasserstandes in ihm vernachlässigbar sind und nicht betrachtet werden müssen) sind durch zwei Rohrleitungen miteinander verbunden, in denen starke Pumpen konstant Wasser umwälzen. Der Wasserstand ist zunächst in beiden Behältern gleich. Im kleineren Behälter ist unmittelbar oberhalb des Wasserstandes ein Loch in der Behälterwand, durch das zunächst kein Wasser ausfließt (Abb. 7, links). Die Umwälzung durch die Pumpen wird oft als »Kreisfluss« bezeichnet. Dieser kann durch eine Zeitkonstante quantifiziert werden, die meist als Quotient aus dem Inventar im kleineren Behälter und der Umwälzmenge pro Zeiteinheit (= Entnahmemenge aus dem Behälter) definiert wird.

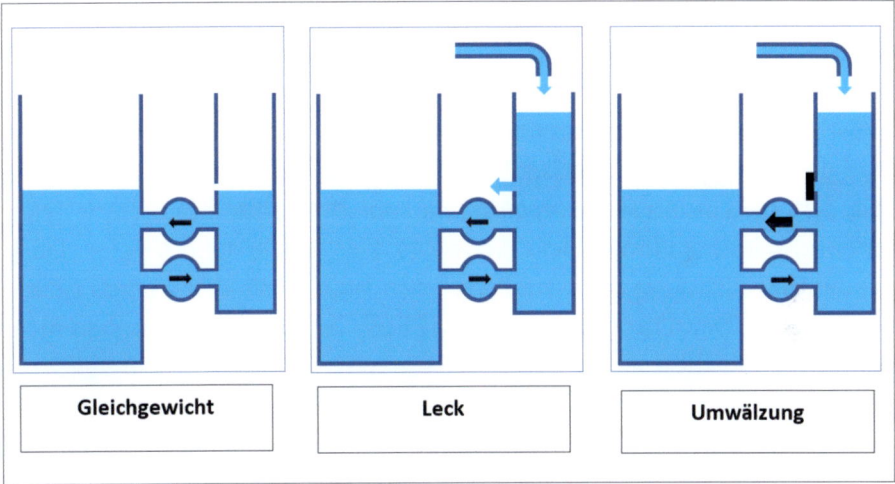

Gleichgewicht	Leck	Umwälzung

Abb. 7: Wasserbehälter zur Veranschaulichung: *Links Gleichgewicht mit konstanter Umwälzung, in der Mitte und rechts zusätzliche Wasserzugabe. In der Mitte fließt (bei erhöhtem Wasserstand) Wasser durch ein Loch in der Behälterwand aus, rechts wird (bei erhöhtem Wasserstand) Wasser durch die unausgeglichene Umwälzung entnommen.*

Wird in den kleineren Behälter zusätzlich Wasser eingebracht (Abb. 7, Mitte), steigt der Wasserstand in ihm. Für die Pumpen wird zunächst vorgegeben, dass sie konstant weiterlaufen. Dann bleibt der »Kreisfluss« in seiner gegebenen Definition unverändert! Wie wirkt sich diese Vorgabe auf den Wasserstand aus? Gar nicht, *ein konstanter Kreislauf hat keinen Einfluss auf den Wasserstand!* Die Erhöhung des Wasserstandes erfolgt ausschließlich durch die zusätzliche Wasserzugabe. Infolge des erhöhten Wasserstandes fließt jetzt aber Wasser durch das Loch in der Behälterwand aus. Immer mehr, bis der Wasserstand so hoch ist, dass der Ausfluss durch das Loch genau so groß ist wie der Zufluss. Dann herrscht wieder (Fließ)Gleichgewicht. Zum Ausfluss durch das Loch kann man »Senkenfluss« sagen. Er kann ebenfalls durch eine Zeitkonstante quantifiziert werden, die meist als Quotient aus dem zusätzlichen Inventar im Behälter und dem Ausfluss durch das Loch in der Wand (Menge, die pro Zeiteinheit ausfließt) definiert wird. Der »Kreisfluss« und der »Senkenfluss« erfolgen hier durch *physikalisch unterschiedliche Prozesse* (eben durch die – hier konstant gehaltene – Umwälzung und durch den Ausfluss durch das Leck), sie sind *voneinander entkoppelt* und sie können daher selbstverständlich auch *unterschiedliche Zeitkonstanten* haben!

In der Abb. 7, rechts, wird das Loch in der Behälterwand verschlossen. Dafür wird die Pumpe, die das Wasser aus diesem Behälter abpumpt, so nachgeregelt, dass die Fördermenge *proportional zum Wasserstand* in diesem Behälter ist (die andere Pumpe bleibt konstant). Der Wasserstand steigt so lange, bis die Umwälzung *so stark unausgeglichen* ist, dass sie den Zufluss gerade kompensiert. Dann herrscht auch hier (Fließ)Gleichgewicht, nur eben nicht durch den Ausfluss durch das Leck, sondern durch die *unausgeglichene Umwälzung.* Der »Kreisfluss« und der »Senkenfluss«, wenn man denn bei den beiden Namen bleiben will, erfolgen hier *durch denselben Prozess,* eben durch die (jetzt unausgeglichene) Umwälzung. *Für einen Prozess kann es nur eine Zeitkonstante geben!* Definiert wird diese als Quotient aus dem Inventar im Behälter und der Entnahmemenge aus ihm.

Die Frage nach einer eigenen Zeitkonstanten für den »Senkenfluss« reduziert sich also auf die Frage, ob dieser »Senkenfluss« durch einen *anderen physikalischen Prozess* erfolgt als der »Kreisfluss«. Wenn ja, kann es zwei Zeitkonstanten geben, wenn nein, nur eine.

Ergänzung: Natürlich kann *ein* Prozess immer nur *eine* Zeitkonstante haben. Ob diese Zeitkonstante allerdings wirklich eine *Konstante* ist, oder sich z. B. in Abhängigkeit von der Konzentration verändert, das hängt von den Charakteristika dieses Prozesses ab: Immer, wenn die Stärke des Prozesses *proportional* zur Konzentration ist, dann ist die Zeitkonstante tatsächlich konstant, sonst ändert sie sich mit der Konzentration. Im oben gewählten Beispiel, bei dem vorgegeben wird, dass die Fördermenge der Pumpe *proportional zum Wasserstand* geregelt wird, ist die Zeitkonstante tatsächlich eine Konstante. Würde die Pumpe z. B. proportional zur *Wurzel aus dem Wasserstand* geregelt werden, würde es zwar auch nur eine Zeitkonstante geben (weil es nur einen Prozess gibt!), sie würde sich aber mit dem Wasserstand ändern.

Weder das 50 %-Modell von IPCC noch »die physikalische Sicht« gem. Ziff. 6.5 machen direkte Aussagen zu den Zeitkonstanten, weil beide Modelle Geschwindigkeiten nicht näher oder gar nicht abbilden. Aber den beiden Modellen liegen jeweils bestimmte Sichtweisen zugrunde, aus denen man sehr wohl auch Aussagen zu Geschwindigkeiten und Zeitkonstanten ableiten kann. Auch darüber, ob die Zeitkonstante für den Abbau von Überschuss-CO_2 die gleiche sein muss wie die für die Umwälzung. Das wird in den Ziff. 6.13.3 und 6.13.4 untersucht. Zusätzlich wird auch noch eine dritte Version kurz besprochen (Ziff. 6.13.5), die in der Literatur relativ häufig zu finden ist und auch von zwei Zeitkonstanten ausgeht, aber eine deutlich andere Erklärung hierfür hat. Es wird sich zeigen, dass *eine* Zeitkonstante für beide Prozesse am ehesten richtig ist.

Noch ein Problem erschwert die Diskussion: Es wird zwar immer von der »Atmosphäre« und von deren Verhalten gesprochen, aber gem. Ziff. 6.5.5 läuft dieses Verhalten in zwei Stufen ab: Zunächst erfolgt sehr schnell ein Ausgleich mit den unmittelbar angrenzenden Speichern Biomasse und oberflächennahe Ozeanschicht und dann reagiert nur mehr der in sich sehr gut ausgeglichene »3er-Pack« als Einheit mit seiner Umgebung, insbesondere mit dem tiefen Ozean. Die erste Stufe entzieht sich weitgehend unserer Beobachtung, weil sie zu schnell abläuft. Was wir sehen bzw. messen, z. B. die CO_2-Konzentrationen, das beschreibt vor allem das Verhalten in der zweiten

Stufe, also das Verhalten des »3er-Packs«, obwohl wir meist nur von der »Atmosphäre« sprechen. Für die meisten qualitativen Überlegungen spielt das keine Rolle, da kann man ruhig vereinfacht von der »Atmosphäre« sprechen, obwohl man eigentlich den »3er-Pack« meint. Für quantitative Abschätzungen muss man aber die richtigen Zahlen nehmen, also die, die für den »3er-Pack« gelten. Ich will versuchen, das nachfolgend konsequent durchzuhalten.

6.13.3 Die »adjustment time« nach IPCC

Die *Umwälzung* des CO_2 wird nach IPCC durch die »turnover time« beschrieben. Mathematisch definiert IPCC diese präzise: »Die »turnover time« ist der Quotient aus dem Inventar in einem Reservoir und der (gesamten) Entnahmerate aus diesem Reservoir« (»total rate of removal«, IPCC, 2007). Das entspricht der mittleren »Verweilzeit« oder »Aufenthaltszeit« der CO_2-Moleküle in der Atmosphäre, oft auch als »Lebensdauer« bezeichnet (im Englischen auch »residence time«). IPCC gibt die »turnover time« mit ca. 4 Jahren an (siehe auch Ziff. 2.2). Die Definition und die Größe des Wertes sind prinzipiell unumstritten.

Schwieriger ist es beim *Abbau einer erhöhten CO_2-Konzentration*. IPCC spricht hier von der »adjustment time« oder »response time«. Für diese gibt IPCC aber *keine präzise* Definition an, sondern nur eine eher allgemein gehaltene Beschreibung in Worten: Nach (IPCC, 2007) ist die »adjustment time« die Zeitskala, nach der die Konzentration *nach einem stoßartig eingebrachten CO_2-Impuls wieder abnimmt* (»time-scale characterising the decay of an instantaneous puls input«). IPCC fährt fort, dass die »adjustment time« auch die Anpassung der Konzentration *nach einer sprungförmigen Veränderung der Quellstärke* beschreibt (»is also used to characterise the adjustment of the mass of a reservoir following a step change in the source strength«).

Diese Definition ist genau genommen eine Doppeldefinition und schon das wirft Probleme auf: Eigentlich sollte man erwarten, dass die Konzentration nach einem stoßartig eingebrachten Impuls *genau gleich* abnimmt wie nach einer gleich großen sprungförmigen Reduktion der Freisetzungen aus dem Gleichgewicht. Beim IPCC-Modell ist das aber nicht so, siehe Abb. 8: Nach dem impulsförmigen Eintrag geht es noch halbwegs *schnell und herab bis auf 50 % des Impulses,* weil die Hälfte des Eintrags rasch entnommen wird, nach der Reduktion der Freisetzung geht es aber *viel langsamer und viel weniger weit,* weil das in der Atmosphäre (noch) vorhandene CO_2 größtenteils langfristig dort verbleibt. Eine Erklärung der Diskrepanz zwischen Definition und eigenem Modell konnte ich bei IPCC nicht finden.

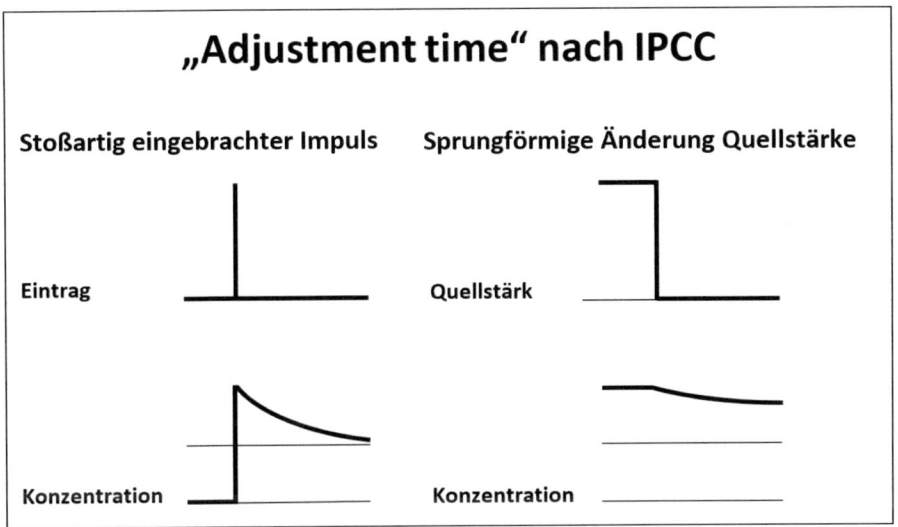

Abb. 8: Die beiden Definitionen der »adjustment time« nach IPCC: *Links: Relativ rasche und weitgehende Abnahme der Konzentration nach einem stoßartig eingetragenen Impuls. Rechts: Deutlich langsamere und weniger weit gehende Abnahme nach einer gleich großen sprungförmigen Abnahme der Quellstärke (schematische Darstellung).*

Nach IPCC ist die »adjustment time« für CO_2 in der Atmosphäre *sehr lange,* mehrere Jahrhunderte oder noch länger (IPCC, 2013). Abgeleitet wird das aus der *Interpretation* des beobachteten Konzentrationsanstieges: Wenn als Folge von ca. 4 ppm/a anthropogenen Freisetzungen die Konzentration um ca. 2 ppm/a ansteigt, dann resultiert daraus eben eine entsprechend lange »adjustment time«, sagt IPCC. Und aus dieser langen »adjustment time« resultiert dann unter anderem die Forderung, aus Klimaschutzgründen ein »festes CO_2-Budget« einzuhalten (Ziff. 3.4). Die Kette »*Interpretation des Konzentrationsanstieges, lange adjustment time, festes CO_2-Budget«* bildet das eigentliche Rückgrat des gesamten Klimaproblems (neben der Frage nach der Klimawirksamkeit des CO_2, die in diesem Buch nicht näher behandelt wird). Zu den einzelnen Gliedern dieser Kette wurde hier schon viel gesagt und einiges kommt auch noch, hier in Ziff. 6.13 wird gezeigt, dass die lange adjustment time von IPCC höchstwahrscheinlich *nicht trägt*.

Damit zurück zu der in Worten angegebenen Definition der »adjustment time«, siehe oben. Um einen konkreten Zahlenwert zu errechnen, muss man diese Definition vorher in *eine mathematische Formel* umsetzen. Etwa so: »Die »adjustment time« ist der Quotient aus der Konzentration und der Entnahmerate«. Nimmt man dabei für die Konzentration die Gesamtzahl der CO_2-Moleküle in der Atmosphäre (das Inventar) und als Entnahmerate die Gesamtzahl der CO_2-Moleküle, die pro Zeiteinheit der Atmosphäre entnommen werden, so erhält man *exakt die IPCC-Definition für die »turnover time«* (siehe oben). Es gibt dann *nicht zwei verschiedene Zeitkonstanten, sondern nur eine*. Anschaulich ist diese die (mittlere) Verweilzeit der CO_2-Moleküle in der Atmosphäre. Sofern die Entnahme proportional zur Konzentration erfolgt (was nach Ziff. 6.5 zumindest angenähert gilt), ist diese Zeitkonstante tatsächlich konstant und *sie ist eine charakteristische Größe der Atmosphäre!* Sie ist aber *sehr kurz* und sagt nicht das aus, was IPCC über die Atmosphäre aussagen *will*.

Also ein erneuter Versuch: Man nimmt in der Formel als Entnahmerate die Zahl der CO_2-Moleküle, die pro Zeiteinheit *netto* der Atmosphäre entnommen werden (also *unter Gegenrechnung* der gleichzeitig der Atmosphäre zugeführten Moleküle!). Dann erhält man eine Angabe darüber, wie schnell sich die Konzentration *momentan gerade verändert*. Das ist jetzt aber *keine charakteristische Größe der Atmosphäre*, sondern beschreibt nur, welche Veränderung in der Atmosphäre momentan *durch Zwang von außen erfolgt!*

Das Problem kann man vielleicht umgehen, indem man in der Definition der »adjustment time« noch irgendwie den Zusatz aufnimmt, dass die Atmosphäre nach der impulsförmigen Störung *sich selbst überlassen wird*. Aber was heißt das? Und was tut die Atmosphäre dann, wenn sie »sich selbst überlassen« ist? Wohl unstrittig gehört zum Sich-selbst-Überlassen, dass die *an-*

thropogenen Freisetzungen eingestellt werden. OK, doch was nimmt man hinsichtlich der natürlichen Freisetzungen an? Werden die z. B. auf ihrem momentanen Wert festgehalten? Oder werden sie in ihrem momentanen Trend festgehalten? Oder werden sie auf dem Wert des Gleichgewichtes vor Beginn der Störung (vor Beginn der industriellen Revolution) festgehalten? Selbst wenn man sich auf irgendeine solche Definition einigt (IPCC wählt allem Anschein nach die letztere), sagt das Ergebnis nichts über die Atmosphäre an sich aus, sondern nur über ihr zukünftiges Verhalten aufgrund angenommener zukünftiger äußerer Einflüsse. Außerdem ist die »adjustment time« in all diesen Fällen keine Konstante, sondern sie wird mit der Zeit immer länger, wenn Gleichgewicht erreicht wird, wird sie sogar unendlich.

Für Prognosen taugt die »adjustment time« also nur in der Definition, in der sie mit der Verweilzeit (»turnover time«) übereinstimmt (und dann sagt sie sehr schnelle Änderungen voraus, bis das Gleichgewicht zwischen Freisetzung und Entnahme wieder hergestellt ist). In jeder anderen Definition sagt sie nur etwas darüber aus, wie sich die Atmosphäre unter externem Einfluss verändert. Aber auch das gilt nur für relativ kurze Zeit, ist für Prognosen also wenig tauglich, weil die so ermittelte »adjustment time« dann eben keine Konstante ist und eigentlich immer nur für den momentanen Zustand gilt.

IPCC betont zwar immer wieder, wie wichtig die lange »adjustment time« ist, doch ist deren Berechnung unklar und das ist auch ihre Aussagekraft. Alle daraus gezogenen Schlussfolgerungen hängen ungesichert im Raum!

6.13.4 Konzentrationsanpassung aus physikalischer Sicht

Die natürlich freigesetzten CO_2-Moleküle halten sich im Schnitt nur wenige Jahre in der Atmosphäre auf (Ziff. 2.2, »mittlere Verweilzeit«). Anthropogen freigesetzt werden um mehr als eine Größenordnung weniger CO_2-Moleküle (Ziff. 2.3). Rein rechnerisch können diese wenigen Moleküle die Konzentration dann (nur dann!) um 50 % erhöhen (von 280 auf 410 ppm), wenn sie wesentlich länger in der Atmosphäre verbleiben als die »natürlichen« CO_2-Moleküle. So ähnlich argumentiert auch IPCC zur Rechtfertigung des Verbleibs von 50 % der anthropogenen Freisetzungen für mehrere hundert Jahre

(IPCC, 2013), siehe auch weiter unten. Das kann aber, nüchtern betrachtet, gar nicht sein, da alle CO_2-Moleküle *gleich sind* und sich daher auch *gleich verhalten* müssen! Insbesondere können sie sich nicht in Abhängigkeit von ihrer Herkunft *unterschiedlich lange* in der Atmosphäre aufhalten! Wenn von den einen, den anthropogen freigesetzten, 50 % langfristig (mehrere Jahrhunderte) in der Atmosphäre verbleiben, dann müssen von den anderen, den natürlich freigesetzten, *ebenfalls 50 % langfristig verbleiben. Das ist aber eindeutig nicht der Fall!* Und umgekehrt, wenn die einen in wenigen Jahren vollkommen ausgetauscht werden, dann muss das auch *für die anderen gelten! Alle CO_2-Moleküle haben daher unvermeidbar die gleiche (mittlere) Verweilzeit!*

Eine unterschiedlich lange Verweilzeit wäre vielleicht noch möglich, wenn die Atmosphäre durch irgendwie geartete Trennwände unterteilt wäre, sodass die CO_2-Moleküle aus den verschiedenen Quellen auf *unterschiedlichen Pfaden* durch die Atmosphäre hindurch wandern. Dafür könnten sie dann auch unterschiedlich lange brauchen. Aber auch das ist eindeutig nicht der Fall, solche Trennwände gibt es nicht. Alles CO_2 durchwandert die Atmosphäre vielmehr durchmischt in einer einheitlichen Strömung ohne Separationsmöglichkeiten.

Letztlich gibt IPCC das auch bis zu einem gewissen Grad zu: Infolge der Gleichheit aller CO_2-Moleküle müssen die anthropogen freigesetzten Moleküle prinzipiell *genau so rasch* umgewälzt werden wie die natürlich freigesetzten. Allerdings meint IPCC, dass bei dieser Umwälzung immer nur *ein Molekül 1:1 gegen ein anderes Molekül* ausgetauscht wird, ohne dass sich dadurch die Gesamtzahl der Moleküle verändert. Es würden eben nicht die anthropogen freigesetzten Moleküle individuell länger verbleiben, sondern nur *gleich viele Moleküle beliebiger Herkunft!*

Bei dieser Frage muss zwischen der Atmosphäre und dem »3er-Pack« unterschieden werden: innerhalb des »3er-Packs« ist die Umwälzung so hoch, dass praktisch Gleichgewicht herrscht, Hin- und Rücktransport zwischen den Partnern sind daher weitgehend ausgeglichen. Damit erfolgt der Austausch hier tatsächlich angenähert 1 : 1. Für die Reaktion des »3er-Packs« mit dem tiefen Ozean gilt aber das schon in Ziff. 6.12.5 zum Beispiel mit dem Fass gesagte: Alle Modelle, die mit *konstanter Umwälzung* (Austausch 1 : 1) arbeiten, zeigen ein Verhalten, das es in der Realität *nicht gibt!* Außerdem, wenn der »3er-Pack« 1 : 1 austauschte, dann müsste das Inventar in ihm *im vollen Umfang* der anthropogenen Freisetzungen wachsen, was es eindeutig nicht tut. *1 : 1 ist also nicht richtig!* In der Realität *sind* nicht nur alle CO_2-Moleküle gleich, sondern sie *verhalten* sich auch alle gleich, insbesondere haben alle *die gleiche mittlere Verweilzeit* im »3er-Pack«! Auch eine zufällig zusammengestellte Gruppe kann sich nicht anders verhalten. Die wenigen anthropogen freigesetzten CO_2-Moleküle können daher die hohe CO_2-Konzentration im »3er-Pack« (und damit in der Atmosphäre) *nicht erklären*, hierfür sind vielmehr *zusätzliche Moleküle* erforderlich, *es muss also eine starke zusätzliche Quelle geben!* Die IPCC-Erklärung des Anstiegs der CO_2-Konzentration (50 % verbleiben) kann nach menschlichem Ermessen nicht aufgehen! Weil alle Moleküle gleich sind, *können höhere Konzentrationen nur durch höhere Freisetzungen erklärt werden, nicht durch längere Verweilzeiten!*

Schließlich sei noch ein *Blick in die Zukunft* versucht: Ausgangspunkt ist der heutige Zustand (Werte aus Tab. 1): CO_2-Konzentration in der Atmosphäre 410 ppm, Anwachsen der Konzentration 2 ppm/a, anthropogene Freisetzungen 4 ppm/a, innerhalb des »3er-Packs« praktisch Gleichgewicht, Entnahme aus dem »3er-Pack« durch den tiefen Ozean 67 ppm/a, Freisetzung aus dem tiefen Ozean in den »3er-Pack« 65 ppm/a. Davon ausgehend seien 4 denkbare Entwicklungen untersucht:

1. *Alle* Freisetzungen werden auf ihrem heutigen Wert eingefroren: Dann *steigt* die Konzentration im »3er-Pack« zunächst noch an und mit ihr steigt die Entnahme aus dem »3er-Pack« durch den tiefen Ozean. Das geht so lange, bis diese Entnahme gerade um so viel größer geworden ist als die Freisetzung aus dem tiefen Ozean (65 ppm/a), wie die anthropogenen Freisetzungen betragen. Dann herrscht Gleichgewicht. Rechnerisch wird dieses bei $410 \times 69/67 = 422$ ppm Konzentration erreicht, 12 ppm über dem heutigen Wert (Proportionalität!).

2. Die *anthropogenen* Freisetzungen werden beendet und die *natürlichen* Freisetzungen werden auf ihrem heutigen Wert eingefroren: Dann *sinkt* die Konzentration im »3er-Pack« und mit ihr sinkt die Entnahme (durch den tiefen Ozean) aus ihm. Das geht so lange, bis diese Entnahme gerade den Wert der Freisetzung aus dem tiefen Ozean erreicht (65 ppm/a). Dann herrscht Gleichgewicht. Rechnerisch wird dieses bei $410 \times 65/67 = 398$ ppm erreicht, 12 ppm *unter* dem heutigen Wert (Proportionalität!).

3. Die anthropogenen Freisetzungen *bleiben konstant* und das *Wachstum* der natürlichen Freisetzungen aus dem tiefen Ozean wird auf seinem heutigen Wert (0,3 ppm/a, Ziff. 6.7) festgehalten: Dann wächst auch die Konzentration *unverändert weiter*, unbegrenzt.

4. Die anthropogenen Freisetzungen *werden beendet* und das *Wachstum* der natürlichen Freisetzungen aus dem tiefen Ozean wird auf seinem heutigen Wert (0,3 ppm/a, Ziff. 6.7) festgehalten: Dann wächst auch die Konzentration *unverändert weiter*, unbegrenzt, nur gegenüber dem Fall 3 *um ca. 2 Jahre verzögert*.

In den Fällen 1 und 2 werden *die natürlichen Freisetzungen auf ihrem heutigen Wert festgehalten*. Die anthropogenen Freisetzungen werden einmal ebenfalls auf ihrem heutigen Wert festgehalten, das andere Mal werden sie (vollständig) eingestellt. Auf das sich einstellende Gleichgewicht wirkt sich der Unterschied *gerade einmal um ca. 24 ppm/a aus! Mehr Einfluss haben die anthropogenen Freisetzungen nicht!*

In den Fällen 3 und 4 wird das *Wachstum* der natürlichen Freisetzungen auf seinem heutigen Wert festgehalten. Die anthropogenen Freisetzungen werden wieder einmal auf ihrem heutigen Wert festgehalten, das andere Mal werden sie (vollständig) eingestellt. In beiden Fällen erhält man eine *gleich schnell wachsende Konzentration*, nur mit einer *zeitlichen Verschiebung von ca. zwei Jahren. Mehr Einfluss haben die anthropogenen Freisetzungen nicht!*

Diese Werte sind natürlich ungenau, sie zeigen den begrenzten Einfluss der anthropogenen Freisetzungen aber doch *sehr deutlich!* Und dafür soll die gesamte Weltenergieversorgung unter enormem Aufwand komplett umgestellt werden!?

6.13.5 Die dritte Version oder die Gleichgewichtsfrage

Eigentlich müssen *zwei* Fragen beantwortet werden:

- *Was ist die Ursache* für die Zunahme der CO_2-Konzentration? Und

- *Was geschieht,* wenn die anthropogenen Freisetzungen eingestellt werden?

Die Gegenüberstellung aus IPCC-Sicht und aus der »physikalischen Sicht« hatten wir schon: Die *Ursache* (erste Frage) sind nach IPCC-Sicht *ausschließlich die anthropogenen* CO_2-Freisetzungen und aus »physikalischer Sicht« *hauptsächlich die natürlichen* Freisetzungen. Und wenn die anthropogenen Freisetzungen eingestellt werden (zweite Frage), dann passiert *nach beiden Sichtweisen nicht viel,* allerdings aus *stark unterschiedlichen Gründen:* Nach IPCC-Sicht deswegen nicht, weil der größte Teil des noch vorhandenen CO_2 solches CO_2 ist, das *langfristig in der Atmosphäre verbleibt,* aus »physikalischer Sicht« deswegen nicht, weil das Geschehen überwiegend *von den natürlichen Freisetzungen bestimmt wird* und die anthropogenen Freisetzungen nur eine untergeordnete Rolle spielen. Nach IPCC-Sicht stören *nur die anthropogenen Freisetzungen* das (alte) Gleichgewicht, nach der »physikalischen Sicht« wird das Gleichgewicht *auch (genauer: überwiegend!) durch die gewachsenen natürlichen Freisetzungen* (bzw. durch die Ursachen für dieses Wachsen) verschoben. Was plausibler ist, wurde schon diskutiert.

Wie aber schon gesagt, gibt es auch noch eine dritte Version. Diese wird z. B. in (Vahrenholt, 2020) vertreten, aber auch von vielen anderen Wissenschaftlern, wenn auch z. T. in etwas abweichenden Details. Diese dritte Version beantwortet die erste Frage im Wesentlichen *gleich wie IPCC,* die erhöhte

CO_2-Konzentration (410 statt 280 ppm) ist durch den Verbleib von 50 % der anthropogenen Freisetzungen verursacht, geht hinsichtlich der zweiten Frage aber einen *völlig anderen Weg*: Es wird postuliert, dass die fortgesetzte Störung (die anthropogenen Freisetzungen) die Atmosphäre *immer weiter vom Gleichgewicht entfernt hat.* Heute liegt die Konzentration *ganze 130 ppm darüber!* Wird die Störung beendet, *kehrt die Atmosphäre zum früheren Gleichgewicht zurück.* Die Antriebskraft hierfür ist die Überschusskonzentration *über die 280 ppm hinaus.* Heute beträgt diese Antriebskraft ca. 130 ppm und diese 130 ppm bewirken eine laufende Entnahme von ca. 2 ppm/a (Anstieg der Konzentration nur um 2 ppm/a statt um 4 ppm/a heißt, dass 2 ppm/a entnommen werden). Aus ca. 130 ppm Antriebskraft und ca. 2 ppm/a Wirkung errechnet sich eine Zeitkonstante für den Rückgang der Konzentration von *ca. 55 Jahren* (Halbwertszeit ca. 38 Jahre). Es gibt also auch hier *zwei Zeitkonstanten:* Eine für die Umwälzung und eine für die Entnahme nach Beendigung der Störung (die mit der Umwälzung nichts zu tun hat).

Die Rechnung ist rein mathematisch gesehen natürlich richtig, meiner Meinung nach werden hierbei aber drei wesentliche Dinge übersehen:

1. Dass für Konzentrationsveränderungen *unterschiedliche* treibende Kräfte als maßgeblich angenommen werden: Beim (bisherigen) Anstieg waren es stets die jeweiligen *anthropogenen Freisetzungen*, die haben den Konzentrationsverlauf bestimmt, indem immer die Hälfte von ihnen rasch aus der Atmosphäre entnommen worden ist und die andere Hälfte dort verblieben ist. Beim (zukünftigen) Abfall wird es jedoch die *Überschusskonzentration über 280 ppm hinaus* sein, nach der sich die Entnahme aus der Atmosphäre richtet. Eine Erklärung für diesen Wechsel konnte ich nicht finden.

2. Dass die Randbedingungen für das Gleichgewicht sich *gravierend geändert* haben, aus welchem Grund auch immer, zumindest als Folge der allgemeinen Erwärmung aber auf jeden Fall. Bei Beenden der an-

thropogenen Freisetzungen (und Einfrieren der natürlichen Freisetzungen auf ihrem heutigen Niveau) würde sich das Gleichgewicht daher *nicht* bei einer Konzentration von 280 ppm einstellen, sondern bei einer *deutlich höheren* Konzentration. Quantitativ: Wenn die Proportionalität gilt (was zumindest angenähert der Fall sein dürfte, siehe Ziff. 6.5), dann sinkt die Konzentration bei einer Reduktion der Freisetzungen in den »3er-Pack« um 6 % (um die 4 ppm/a anthropogen Freisetzungen, von 69 auf 65 ppm/a, Tab. 1) um ebenfalls 6 %, also von ca. 410 auf ca. 385 ppm. *Mehr bewirkt diese Reduktion nicht.* Die Vertreter dieser »dritten Version« glauben zwar, dass das Klima sich vor allem aufgrund natürlicher Einflüsse verändert hat, übersehen aber, dass *diese natürlichen Einflüsse auch das Gleichgewicht für die CO_2-Konzentration verschoben haben müssen!*

3. Dass bei der sehr hohen natürlichen Umwälzung und den relativ langsamen Veränderungen der Freisetzungen ein Abstand zum Gleichgewicht von 130 ppm *gar nicht möglich ist!* Die Atmosphäre bewegt sich vielmehr immer *sehr nahe am Gleichgewichtszustand,* maximal einige wenige 10 ppm davon entfernt. Wird die Störung beendet, stellt sich das (neue) Gleichgewicht daher auf jeden Fall sehr rasch und ohne wirklich große Änderungen ein. Ein »Zurück zum Ursprung« gibt es nicht! Auch deswegen nicht, weil die Atmosphäre sich den gar nicht merkt. Sie richtet sich immer nur nach den *momentanen* Randbedingungen für sie.

Diese »dritte Version« führt mit ihrer zweiten Zeitkonstanten zwar dazu, dass bereits ein Einfrieren oder zumindest ein Halbieren der anthropogenen Freisetzungen genügen würde, die CO_2-Konzentration ausreichend zu *stabilisieren* (und damit auch das Klima zu stabilisieren, falls das überhaupt vom CO_2 diktiert wird), aber eine physikalische Begründung ist für diese »dritte Version« *genauso schwer zu erkennen,* wie für die IPCC-Sichtweise. Die Physik spricht wohl eindeutig für *nur eine Zeitkonstante!*

6.13.6 $^{14}CO_2$

Wie schnell sich eine erhöhte CO_2-Konzentration in der Atmosphäre wieder abbaut, das können wir nicht direkt beobachten, weil die CO_2-Konzentration seit Beginn der industriellen Revolution, von kleinen Zacken abgesehen, nie gesunken ist, sondern immer nur zugenommen hat. Es gibt aber doch ein Ereignis, bei dem es Erfahrungen mit abnehmender Konzentration gibt: Es wurden »*gekennzeichnete*« CO_2-Moleküle in die Atmosphäre eingebracht und dann konnte verfolgt werden, wie schnell deren Menge in der Atmosphäre wieder zurückgegangen ist. Und weil diese »gekennzeichneten« CO_2-Moleküle sich ansonsten nicht von den anderen CO_2-Molekülen unterscheiden, ist das eine gute Information darüber, *wie schnell generell eine überhöhte CO_2-Konzentration wieder abgebaut wird.*

Diese »gekennzeichneten« Moleküle sind *$^{14}CO_2$-Moleküle.* Ihr Kennzeichen besteht in ihrer Radioaktivität. Zu dieser kommen sie, weil sie anstelle eines »normalen« C-Atoms mit dem Atomgewicht 12 (»^{12}C«) ein spezielles C-Atom mit dem Atomgewicht 14 eingebaut haben (»^{14}C«). Und dieses ist eben instabil mit einer Halbwertszeit von 5730 Jahren. Über ihre Strahlung können die $^{14}CO_2$-Moleküle von den normalen $^{12}CO_2$-Molekülen unterschieden werden.

Von Natur aus werden $^{14}CO_2$-Moleküle in geringer Zahl in der Atmosphäre gebildet, und zwar durch Kernumwandlungen aus Stickstoff unter der Einwirkung kosmischer Strahlung. Durch Absorption in der Biomasse und im Ozean werden sie dann wieder aus der Atmosphäre entfernt. Dadurch stellt sich in der Atmosphäre eine Gleichgewichtskonzentration ein. (Einschub: Das ist die Basis der Radiokarbonmethode zur Altersbestimmung, also ein recht gut bekannter Prozess). Gestört wurde dieses Gleichgewicht insbesondere durch oberirdische Atombombenversuche in den 50-er und frühen 60-er Jahren, bei denen als Nebeneffekt relativ viel $^{14}CO_2$ in der Atmosphäre erzeugt wurde. Dadurch wurde die Konzentration in der Atmosphäre fast *verdoppelt.* Nach dem Teststoppabkommen 1963 zeigte die $^{14}CO_2$-Konzentration aber einen *raschen Abfall* (Abb. 9).

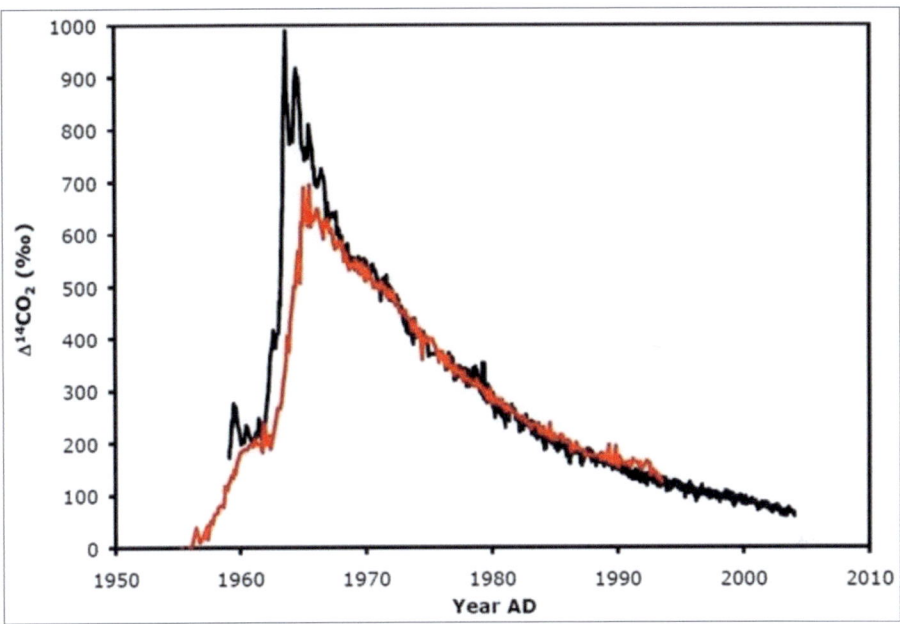

Abb. 9: Der Abfall der $^{14}CO_2$-Konzentration in der Atmosphäre nach Beenden der oberirdischen Atom-bombentests: *In schwarz Messungen am Vermuntsee, Österreich, und Jungfraujoch, Schweiz, in rot Messungen am Baring Head, New Zealand. Quelle: (NOAA).*

Zunächst einmal auffallend ist der etwas spätere und kleinere Peak in der ro-ten Kurve. Das ist eine Messung in der Südhemisphäre, schwarz sind Werte aus der Nordhemisphäre. Die meisten (atmosphärischen) Atombombentests wurden in der Nordhemisphäre durchgeführt, vor allem auch in Sibirien. Aus dem Vergleich der beiden Kurven kann man erkennen, dass die Atmo-sphäre innerhalb von ganz wenigen Jahren global gut durchmischt wird (der Peak ist auch in der Südhemisphäre angekommen!) und dass in dieser Zeit auch schon viel $^{14}CO_2$ aus Atmosphäre entnommen worden ist (der Peak ist kleiner!). Vor allem die Kurve in der Nordhemisphäre zeigt in den ersten Jahren nach dem Teststoppabkommen nicht nur einen besonders steilen Ab-fall, sondern auch jährliche »Zacken«. Diese können durch jahreszeitabhän-gig unterschiedliche Nachlieferungen von $^{14}CO_2$ aus der Stratosphäre in die Troposphäre (wo die Messungen stattfinden) erklärt werden.

In diesen »Zacken-Jahren« erfolgte auch die Gleichverteilung des $^{14}CO_2$ innerhalb des »3er-Packs« (Stufe 1 aus Ziff. 6.5.5). Infolge der quantitativ nicht genau bekannten Nachlieferungen aus der Stratosphäre können wir aus den gemachten Messungen aber keine sicheren Aussagen darüber ableiten, wie schnell diese Gleichverteilung des CO_2 innerhalb des »3er-Packs« abläuft.

Danach aber, etwa ab 1967, ist es besser: Es erfolgte ein kontinuierlicher, exponentieller Abfall der Konzentration des $^{14}CO_2$ mit einer *gleichbleibenden* Zeitkonstanten! In einer detaillierten Analyse unter Einbeziehen aller wichtigen Einflüsse konnte Prof. Harde zeigen, dass diese Zeitkonstante mit hoher Zuverlässigkeit *ca. 10 Jahre* beträgt (Harde, 2021). Heute, knapp 60 Jahre nach dem Teststoppabkommen, ist praktisch wieder Gleichgewicht erreicht, die Erhöhung durch die Atombombentests also praktisch vollkommen wieder abgeklungen! Ursache dieses Abfalls ist nicht der radioaktive Zerfall, der geht viel langsamer, sondern die Auslagerung der $^{14}CO_2$-Moleküle aus dem »3er-Pack« in den tiefen Ozean (Stufe 2 aus Ziff. 6.5.5). Und weil $^{14}CO_2$-Moleküle und $^{12}CO_2$-Moleküle sich diesbezüglich praktisch gleich verhalten, wird notwendigerweise *jede überhöhte CO_2-Konzentration im »3er-Pack« mit dieser Zeitkonstanten von ca. 10 Jahren abgebaut!* Das gilt unabhängig von der Ursache der Konzentrationserhöhung. Der rasche Abfall der $^{14}CO_2$-Konzentration in der Atmosphäre ist ein ganz starkes Indiz für eine nur sehr kurze Verweilzeit von CO_2-Molekülen in der Atmosphäre. Eine sehr kurze Verweilzeit heißt aber, dass es *einer sehr starken Quelle bedarf, damit eine hohe Konzentration überhaupt zustande kommen kann!*

6.13.7 Die Bedeutung der Zeitkonstanten

Viele Detailpunkte, was müssen wir uns davon wirklich merken?

Umgewälzt wird das CO_2-Inventar in der Atmosphäre mit einer Zeitkonstanten von ca. 4 Jahren. Wird die CO_2-Konzentration in der Atmosphäre durch erhöhte Freisetzung erhöht, wird sie nach Beendigung der Störung wieder abgebaut. Sehr langsam, mit einer Zeitkonstanten jenseits von 100 Jahren, meint IPCC, wesentlich schneller, mit einer Zeitkonstanten von nur wenigen Jahren, ist die Gegenmeinung, etwa in der Mitte, bei einer Zeitkonstanten von ca. 50 Jahren, liegt die »dritte Version«. Warum das so wichtig ist? Weil die relativ kleinen anthropogenen Freisetzungen *nur bei einer langen Verweilzeit* (also bei einer hohen Zeitkonstanten) die starke Zunahme der CO_2-Konzentration bewirkt haben können! Anderenfalls, bei einer nur kurzen Zeitkonstanten, *müssen wesentlich verstärkte natürliche Freisetzungen den Hauptteil zur Konzentrationserhöhung beigetragen haben!*

Wer Recht hat, lässt sich zurückführen auf die Frage, ob der Abbau der CO_2-Konzentration und die Umwälzung des CO_2 *durch physikalisch unterschiedliche Prozesse oder durch den gleichen Prozess erfolgen.* Nur bei unterschiedlichen Prozessen sind auch unterschiedliche Zeitkonstanten möglich! *Wenn es nur einen Prozess gibt, dann gibt es auch nur eine Zeitkonstante!* Die Antwort ist einfach: Für den Abbau der CO_2-Konzentration gibt es keinen speziellen Prozess, er wird nur durch die jetzt unausgeglichene Umwälzung bewirkt. *Ein Prozess, eine Zeitkonstante!*

Eine kurze Zeitkonstante wird auch durch den gemessenen raschen Abfall der $^{14}CO_2$-Konzentration nach Beenden der oberirdischen Atombombenversuche überzeugend bestätigt.

Fazit: *Die hohe CO_2-Konzentration kann nur durch wesentlich verstärkte natürliche Freisetzung zustande gekommen sein!*

6.14 50 % Verbleib?

Zur Erinnerung nochmals die grundlegende Ansicht von IPCC: Unabhängig von der Höhe der Freisetzungen und unabhängig von der erreichten Konzentration *verbleiben immer 50 %* (allgemeiner: *Verbleibt immer ein fester Prozentsatz*) der anthropogenen CO_2-Freisetzungen langfristig in der Atmosphäre. »Immer« heißt dabei: *Nicht rein zufällig, sondern systematisch, bei allen denkbaren Randbedingungen.* Bereits mehrfach wurde das zurückgewiesen. Solange *keine physikalische Grundlage* angegeben werden kann, kann ein stets gleicher Prozentsatz *nicht als gesichert angesehen werden!* Dies umso mehr, als die Physik eigentlich eine *Abhängigkeit der Entnahme von der Konzentration fordert* und nicht von der Freisetzung. Die 50 % sind dann nur ein Zufall (ob es überhaupt 50 % sind, siehe Ziff. 6.14.3). Weil das Thema so wichtig ist, nachfolgend noch ein paar ergänzende Überlegungen hierzu. Vorab nur noch die Klarstellung, dass eine Aussage »x % werden entnommen«, immer äquivalent ist mit der Aussage »(100 − x) %« verbleiben«.

6.14.1 Keine physikalische Grundlage?!

Müssen immer 50 % (der anthropogenen Freisetzungen) in der Atmosphäre verbleiben? Eindeutig ja, *wenn es eine physikalische Grundlage hierfür gibt,* und eindeutig nein, *wenn es keine gibt!* Alle bisher hier angestellten Überlegungen sprechen dagegen. In Diskussionen hierzu (die viele Klimaexperten leider ablehnen, bei 4 ppm/a anthropogenen Freisetzungen und 2 ppm/a Konzentrationsanstieg wäre doch alles klar) habe ich noch zwei weitere Argumente gefunden, auf die ich noch kurz eingehen möchte:

Das Argument 1 lautet: Ein fester Prozentsatz verbleibt, weil die Entnahme *proportional* zur Konzentration erfolgt und weil die anthropogenen Freisetzungen *exponentiell* zunehmen! Die Mathematik würde dann immer einen festen Prozentsatz ergeben. Wenn man genauer hinsieht, wird hier aber eine weitere Voraussetzung stillschweigend als erfüllt unterstellt, die real nicht erfüllt ist: Die natürliche Umwälzung *muss konstant sein.* Das deswegen, weil sonst bereits relativ kleine Änderungen dieser großen natürlichen Flüsse den Einfluss der viel kleineren anthropogenen Freisetzungen überschreiben könnten, egal, ob Letztere nun exponentiell verlaufen oder nicht. Konstante Umwälzung ist aber *höchstwahrscheinlich unzutreffend*: Dass die eingetretene Erwärmung *ohne* Auswirkungen auf die natürlichen Freisetzungen geblieben sein sollte, ist nur schwer vorstellbar! Das Argument *kann* daher eigentlich gar nicht tragfähig sein! Es trägt aber *auch deswegen nicht,* weil der Anstieg der anthropogenen Freisetzungen zwar über einen längeren Zeitraum hinweg tatsächlich angenähert exponentiell verlaufen ist, in den letzten ca. 10 Jahren aber *eindeutig nicht mehr*: Der Anstieg hat sich *deutlich abgeflacht* (siehe Abb. 6), »exponentiell« ist ganz einfach *nicht erfüllt!* Aber selbst wenn es erfüllt wäre, wenn also die Abflachung des Anstiegs nur eine vorübergehende Abweichung wäre und die anthropogenen Freisetzungen längerfristig doch einigermaßen exponentiell wachsen würden, selbst dann würde es immer noch *nicht viel nützen*: Denn der feste Prozentsatz, der dann zunächst einmal gelten würde, der wäre *nicht allgemeingültig*, sondern er würde sich mit der *Steilheit des exponentiellen Anstiegs* (Verdoppelungszeit) der anthropogenen Freisetzungen verändern! *Argument 1 kann daher die Ansicht von IPCC nicht stützen!*

Das Argument 2 ist ein bisschen anders: Wenn das Inventar in der Biomasse und in der oberflächennahen Ozeanschicht zusammen *genau so groß* ist wie das in der Atmosphäre, dann verbleiben beim Konzentrationsausgleich zwischen diesen drei Speichern immer 50 % der anthropogenen Freisetzungen in der Atmosphäre. (Ergänzung: Wenn das Inventar in den beiden Speichern größer ist als das in der Atmosphäre, dann verbleibt ein kleinerer Prozentsatz, das könnte immerhin zum Bern Carbon Cycle Model passen). Dieses Argument lebt aber genauso von der stillschweigenden Voraussetzung, dass die natürliche Umwälzung konstant ist, was natürlich auch hier falsch ist. Außerdem unterstellt das Argument, dass aus den genannten drei Speichern *nichts* in den tiefen Ozean übergeht, was physikalisch kaum sein kann. *Auch dieses Argument trägt daher nicht!*

Zusammenfassend: Eine physikalische Grundlage für den generellen Verbleib von 50 % konnte ich nicht finden, in der Literatur nicht und auch durch Diskussionen und Nachdenken nicht. *Wer kann mir doch eine zeigen?* Der scheinbare Verbleib von immer 50 % ist aller Wahrscheinlichkeit nach nur das *zufällige Ergebnis* entsprechender Veränderungen der hohen natürlichen Flüsse! Bei allen Schlussfolgerungen, die aus diesen 50 % abgeleitet sind, ist die physikalische Rechtfertigung zumindest fraglich.

Nachsatz: Immer wieder wird gesagt, dass *doch* die anthropogenen Freisetzungen für den Konzentrationsanstieg verantwortlich sein müssen, denn es wäre *beliebig unwahrscheinlich*, dass die natürlichen Flüsse sich *gerade so* ändern, dass die Konzentration um 50 % der anthropogenen Freisetzungen steigt. *So einen Zufall gibt es ja gar nicht!* Das Argument übersieht aber, dass dieselbe Aussage für *jeden* sich konkret ergebenden Verlauf gilt. Der eine ist so unwahrscheinlich wie der andere, aber einer muss es sein. Beispiel:

Wenn man am Strand einen Kieselstein unter vielen aufhebt, ist die Wahrscheinlichkeit, dass es der »richtige« ist, beliebig klein. Wenn man das »richtig« aber danach beurteilt, was man gerade in der Hand hält, dann spielt die Zahl der Kieselsteine insgesamt keine Rolle mehr, man hat »den richtigen«! Dieser Kieselstein ist nur einer unter vielen, aber das wäre jeder andere auch! Das Besondere an ihm *ergibt sich erst dadurch,* dass man ihn aufgehoben hat! Aus der geringen Wahrscheinlichkeit, dass es gerade *dieser* geworden ist, zu schlussfolgern, dass man über seine konkreten Eigenschaften eigentlich keine Aussage machen kann, ist unzulässig. Man hat ihn ja in der Hand und kann dieses Exemplar auch genau beschreiben. Genauso unzulässig ist es, bei der Atmosphäre zu sagen, die Wahrscheinlichkeit, dass der beobachtete Konzentrationsanstieg durch das Wechselspiel der natürlichen Flüsse zustande gekommen ist, ist viel zu klein, es muss eine andere Erklärung geben.

Ergänzung: Das Argument »unwahrscheinlich« gilt genauso umgekehrt: Auch die Interpretation, dass der Konzentrationsanstieg durch Verbleib von 50 % der anthropogenen Freisetzungen zustande gekommen ist, erfordert, dass die großen natürlichen Flüsse sich gerade »im »richtigen Ausmaß« unterscheiden. Bei quasi unendlich vielen Möglichkeiten ist die tatsächlich eingetretene *immer ein »sehr unwahrscheinliches« Ereignis,* aber sie ist doch eingetreten!

6.14.2 Erklärungsversuch

Die CO_2-Konzentration in der Atmosphäre hat sich die ganze Zeit über (von 1850 bis heute) immer so erhöht, als wären immer ca. 50 % der anthropogenen Freisetzungen in der Atmosphäre verblieben. Auf die Konstanz dieses Anteils legt IPCC in allen seinen Berichten großen Wert (und warnt gleichzeitig regelmäßig davor, dass dies sich infolge Sättigung der Senken in Ozean und/oder Biomasse sehr bald verändern wird, Anzeichen dafür würde man schon sehen; diese Warnung wird aber immer nur mit gleichem Zeithorizont weiter fortgeschrieben, tatsächlich eingetreten ist eine solche Veränderung bis heute nicht). Aus dieser Konstanz schließt IPCC, dass es sich um ein *allgemeingültiges Gesetz* handelt und die 50 % immer gelten, unabhängig von der Höhe der Freisetzungen und von der bereits erreichten Konzentration (jedenfalls, solange keine Sättigung der Senken eintritt). Eine physikalische Begründung dafür kann IPCC aber, wie gesagt, nicht angeben. Kein Wunder, ist die Entnahme von CO_2 aus der Atmosphäre nach den Regeln der Physik doch gerade *nicht von der Freisetzung abhängig, sondern von der Konzentration.*

Eigentlich ist es ganz einfach: Der Zuwachs an CO_2 in der Atmosphäre ergibt sich immer *aus der Differenz* der beiden großen Größen »gesamte Freisetzung« und »gesamte Entnahme« (Speicher-Grundgesetze, Ziff. 6.3). Die gleiche Differenz kann auf *unendlich viele* Arten zustande gekommen sein. *Interpretiert* man sie jedoch, wie IPCC das tut, als 50 % der (kleinen) anthropogenen Freisetzungen (was rein zahlenmäßig eine mögliche Interpretation ist), dann kommt man selbstverständlich zum Ergebnis, dass eine *feste airborne fraction von 50 %* verbleibt. Das ist dann aber kein Beweis, weil das Ergebnis durch die Interpretation festgelegt ist! *IPCC findet dann nur das heraus, was IPCC vorab per Annahme hineingesteckt hat!*

Es bricht aber nicht nur der Beweis weg, schon die genannte Interpretation durch IPCC *ist von Haus aus nicht zulässig:* Sie wäre es höchstens dann, wenn es *nur* die anthropogenen Freisetzungen als zusätzliche Freisetzungen gäbe. Das passt aber nicht zu der massiv erhöhten Konzentration, die eine wesentlich stärkere Quelle fordert, und angesichts der Erwärmung kann es ohnehin nicht stimmen, weil die unvermeidbar eine erhöhte Freisetzung bewirkt. Die Freisetzungen sind unbestreitbar *auch aus anderen Gründen gestiegen,* vermutlich sogar wesentlich stärker gestiegen als nur durch die anthropogenen Freisetzungen alleine!

6.14.3 Die Bezugsgröße

Was sagt überhaupt ein bestimmter Prozentsatz aus? Wenig, es kommt vor allem darauf an, was man als »100 %« nimmt: Bezieht man die Konzentrationszunahme von ca. 2 ppm/a auf die *anthropogenen Freisetzungen* von ca. 4 ppm/a, dann sind es natürlich 50 %. Bezieht man sie aber auf die *gesamte Erhöhung* der Freisetzungen in die Atmosphäre (35 ppm/a, von 81 auf 116 ppm/a, siehe Tab. 1, hier errechnete Werte), dann verbleiben nur etwa 6 %.

Und wenn man sie gar auf die Freisetzungen *insgesamt* bezieht (116 ppm/a), dann sind es überhaupt nur etwas über ca. 2 %.

Außerdem: Wenn man genauer hinsieht, dann *geht auch IPCC von erhöhten Freisetzungen aus natürlichen Quellen aus.* Nicht im Text, da werden die natürlichen Quellen immer nur als konstant angesehen, wohl aber in den errechneten Zahlen: Nach Tab. 1 gibt IPCC die natürlichen Freisetzungen heute mit 99 ppm/a an (104 ppm/a abzüglich der anthropogenen Freisetzungen von 5 ppm/a)! Nimmt man das als 100 %, ergibt sich nochmals ein anderer Prozentsatz für die jährlichen 2 ppm Konzentrationserhöhung. Mathematisch richtig sind alle Angaben. Welche aber ist physikalisch sinnvoll?

Im Gleichgewicht wird definitionsgemäß genau gleich viel entnommen (Summe aller Senken) wie freigesetzt wird (Summe aller Quellen). Da verbleibt *nichts* in der Atmosphäre. Jetzt haben wir nicht ganz Gleichgewicht: Die Freisetzungen sind um ungefähr 2 % größer als die Entnahmen. *Diese 2 % der (gesamten) Freisetzungen verbleiben in der Atmosphäre.* Dass diese Menge gerade so groß ist wie die Hälfte der anthropogenen Freisetzungen, ist reine Mathematik ohne physikalische Bedeutung. Physikalisch gesehen verbleiben nicht 50 % der *anthropogen* freigesetzten CO_2-Moleküle, sondern 2 % der *insgesamt* freigesetzten Moleküle. Wir sollten daher von ca. 2 % Verbleib sprechen und nicht von ca. 50 %. Das ist zwar weniger spektakulär, beschreibt den realen Sachverhalt aber treffender.

Dasselbe Argument aus etwas anderem Blickwinkel: Die Konzentrationszunahme in der Atmosphäre ist eine Folge davon, dass *alle Quellen zusammen* um 2 ppm/a mehr einspeisen als alle Senken zusammen entnehmen. Von den Quellen trägt eine jede *proportional zu ihrer relativen Stärke* dazu bei. Die Konzentrationszunahme um 2 ppm/a als 50 % der anthropogenen Freisetzungen zu beschreiben, würde heißen, dass diese Freisetzungen 100 % der Konzentrationszunahme bestreiten und alle anderen Quellen gar nichts dazu beitragen. Das verstößt gegen die Gleichheit aller CO_2-Moleküle!

6.14.4 Experimentelle Überprüfung

Eine experimentelle Überprüfung im üblichen Sinne ist leider nicht möglich, weil wir die Erde nicht einfach in ein Labor stecken und kontrolliert untersuchen können. Aber es gibt doch einige *Beobachtungen*, aus denen man bestimmte Schlüsse ziehen kann, und außerdem hat der Mensch auch *drei Taten* gesetzt, die man gewissermaßen als Experimente auffassen kann, die wichtige Aussagen zum Verhalten des CO_2 in der Atmosphäre erlauben.

Die angesprochenen *Beobachtungen* sind die erheblichen jahreszeitlichen Schwankungen der CO_2-Konzentration (Abb. 1): In Ziff. 6.9 wurde bereits gezeigt, dass diese unabdingbar erhebliche jährliche Freisetzungen und Entnahmen erfordern, die mit einem Verbleib von 50 % ganz einfach *nicht verträglich* sind! Das 50 %-Modell kann daher nicht stimmen. Zusätzlich kann man aus einer genaueren Analyse der *Form* der jahreszeitlichen Schwankungen Aussagen über die *Geschwindigkeit* machen, mit der eine erhöhte CO_2-Konzentration in der Atmosphäre abgebaut wird. Nach (Harde, 2021) beträgt die Zeitkonstante hierfür ca. 10 Jahre. Das ist erstens um mehr als eine Größenordnung kürzer als IPCC für den Abbau der CO_2-Konzentration angibt, und es steht zweitens in klarem Widerspruch zur IPCC-Annahme, dass 50 % langfristig in der Atmosphäre verbleiben!

Damit zu den »Experimenten«: Das erste sind die *anthropogenen Freisetzungen* selbst. Diese haben lange Zeit in etwa exponentiell zugenommen, Abb. 6 zeigt aber sehr klar, dass der Anstieg sich seit ca. 10 Jahren *ganz deutlich abgeflacht hat,* sogar fast zum Verschwinden gekommen ist. Dass das vermutlich bis zu einem gewissen Grad ein Erfolg der weltweiten Bemühungen zur Eindämmung der CO_2-Freisetzungen ist, wurde schon gesagt. Aber was hat dieser Erfolg wirklich gebracht? *Nichts!* Wenn die anthropogenen Freisetzungen wirklich für den Anstieg der Konzentration verantwortlich wären, dann müsste man zwingend *ein entsprechendes Abflachen* in der Kurve der Konzentration sehen, an der Stelle, an der die anthropogenen Freisetzungen sich abgeflacht haben, also kurz nach 2010. Ein solches Abflachen sieht man aber *eindeutig nicht,* siehe Abb. 1! Im Gegenteil, die Kurve steigt in den letzten 10 Jahren sogar eher noch ein bisschen steiler an. *Also dürfte doch eher eine andere Ursache maßgeblich für den Anstieg der CO_2-Konzentration sein!*

Und alle zur Eindämmung der Freisetzungen eingesetzten Mittel dürften umsonst ausgegeben sein!

Das zweite »Experiment« ist uns aufgezwungen worden: In Abb. 6 ist im Jahre 2020 ein deutlicher *Rückgang der anthropogenen CO_2-Freisetzungen* zu erkennen. Der ist infolge der Corona-Pandemie eingetreten. Nach (UNEP, 2021) betrug dieser Rückgang in der Spitze 15 % und auf das ganze Jahr bezogen 5,4 %. Eigentlich müsste dieser Rückgang Auswirkungen auf die Konzentration haben. In der CO_2-Konzentrationskurve (Abb. 1) ist aber *nichts dergleichen zu erkennen.* (UNEP, 2021) führt das auf die hohe natürliche Variabilität zurück, die so kleine Änderungen eben zudecken würde. Das ist aber überraschend, weil die Messungen doch recht genau sind und Einflüsse, z. B. aus El Nino-Ereignissen und anderen Anomalien, relativ gut bekannt sind. Bei sorgfältigen Analysen müsste daher sehr wohl eine Auswirkung der Delle in den Freisetzungen erkennbar sein! Und wenn sie es nicht ist, dann passt das *viel besser dazu,* dass der Anstieg der Konzentration eben doch nicht von den kleinen anthropogenen Freisetzungen bestimmt wird, sondern *von viel stärker gewachsenen und wachsenden* natürlichen Freisetzungen. Dann kann man klarerweise bei einem Rückgang der *anthropogenen* Freisetzungen nichts sehen. Bei diesem »Experiment« ist die Beobachtungslage, wie gesagt, vielleicht grenzwertig, aber es ergibt sich doch ein deutliches Indiz für die hauptsächlich natürliche Herkunft des vielen CO_2 in der Atmosphäre.

Das dritte »Experiment« ist da schon eindeutiger: Das durch die oberirdischen Atombombenversuche in die Atmosphäre eingebrachte $^{14}CO_2$ ist nach Inkrafttreten des Teststoppabkommens mit einer zeitlich gleichbleibenden Zeitkonstanten von etwa 10 Jahren wieder aus der Atmosphäre abgebaut worden (Ziff. 6.13.6). Infolge der Gleichheit aller CO_2-Moleküle können auf andere Weise eingebrachte CO_2-Moleküle *sich nicht anders verhalten!* Dazu noch eine Anmerkung: Der »Atombombenspike« des $^{14}CO_2$ ist *anthropogen* eingebrachtes CO_2. Wenn durch Verbrennen fossiler Energieträger eingebrachtes CO_2 sich anders verhalten soll, müssen sich auch unterschiedliche Sorten von anthropogenem CO_2 unterschiedlich verhalten. Es wird immer abenteuerlicher!

Wie gesagt, ein Labor-Experiment fehlt, aber was wir sehen, das spricht einheitlich *sehr deutlich gegen die IPCC-Auffassung*, dass 50 % der anthropogenen Freisetzungen in der Atmosphäre verbleiben!

6.15 CO_2 als entscheidender Klimafaktor?

Nach Ziff. 3.3 ist CO_2 für IPCC *der entscheidende Klimafaktor*. Das geht natürlich nur, wenn die Klimawirksamkeit von CO_2 *tatsächlich hoch* ist. Und das ist in der Wissenschaft eine *offene Frage*, siehe z. B. (Roth, 2019).

Diese Frage verliert aber dann ihre Bedeutung, wenn das in der Atmosphäre angesammelte CO_2 *gar nicht anthropogenes CO_2 ist*, sondern hauptsächlich natürlichen Ursprungs. Denn dann beeinflusst bei hoher Klimawirksamkeit eben *natürliches CO_2* das Klima und bei niedriger Wirksamkeit beeinflussen ohnehin *andere Faktoren* das Klima stärker als das CO_2! So rum oder so rum, bei »überwiegend natürlicher Herkunft« kann eine Reduktion der anthropogenen Freisetzungen generell *keinen großen Einfluss auf das Klima haben* und jede Forderung einer Reduktion auf null entbehrt *zwangsweise jeder Grundlage!*

In diesem Buch hier wird gezeigt, dass genau das höchstwahrscheinlich der Fall ist. *Ziff. 3.3 ist dann zwangsweise falsch!*

6.16   Das Bern Carbon Cycle Model

Wie bereits mehrfach angegeben, verwendet IPCC neben dem hier ausführlich diskutierten »50 %-Modell« für verfeinerte Rechnungen das »Bern Carbon Cycle Model«. In den heutigen Klimamodellen ist das meist als Modul für die Berechnung des Kohlenstoffkreislaufes eingebaut, wobei die Rückwirkungen von Klimaänderungen auf diesen Kreislauf mit erfasst werden. In dieser Ziff. 6.16 werden einige mit dem »Bern Carbon Cycle Model« verbundene Probleme diskutiert.

6.16.1 Eine Summe abfallender e-Potenzen

Der grundsätzliche Ansatz im Bern Carbon Cycle Model ist offensichtlich der gleiche wie im 50%-Modell: Die (rasche) Entnahme von CO_2 aus der Atmosphäre *richtet sich nach den anthropogenen Freisetzungen* (und damit nicht nach der Konzentration)! Die Verbesserung oder zumindest Weiterentwicklung des Modells liegt darin, *unterschiedlich schnell* wirkende Senken für CO_2 zu berücksichtigen. Zu diesem Zweck werden die anthropogen in die Atmosphäre freigesetzten CO_2-Moleküle nicht, wie im 50%-Modell, in *zwei* Gruppen unterteilt (eine verbleibt in der Atmosphäre, die andere wird ihr wieder entnommen), sondern in *mehr* Gruppen, von denen eine langfristig verbleibt, während die anderen die Atmosphäre nach unterschiedlichen Zeitkonstanten wieder verlassen. Die verbleibende Gruppe ist auch hier ein *fester Prozentsatz* aller CO_2-Moleküle (nur nun eben deutlich unter 50%), der immer der gleiche ist, unabhängig von der Höhe der Freisetzungen und unabhängig von der erreichten Konzentration. Da alle Punkte, die in diesem Buch anhand der festen 50% kritisch diskutiert wurden, grundsätzlich *für jeden festen Prozentsatz* gelten, gelten sie auch für das Bern Carbon Cycle Model! Und es gibt noch weitere Probleme.

In (UNFCCC, 2002) wird das Bern Carbon Cycle Model so beschrieben: »*The CO_2 concentration is approximated by a sum of exponentially decaying functions, one for each fraction of the additional concentrations, which should reflect the time scales of different sinks*« (übersetzt: »Die CO_2-Konzentration wird durch eine Summe exponentiell abfallender Funktionen angenähert, eine für jede Fraktion der zusätzlichen Konzentration, die die Zeitskalen unterschiedlicher Senken wiederspiegeln sollen«). Demgemäß fällt im Modell die CO_2-Konzentration in der Atmosphäre nach dem Beenden einer Störung entsprechend einer *Summe fallender e-Potenzen* ab. Angegeben wird die Formel:

$$C(t) = C_0 \times (a_\infty + \Sigma\, a_i \times e^{-t/\tau_i})$$

Darin sind:

- C_0 die anfänglich (zum Zeitpunkt $t = 0$) als Störung in die Atmosphäre eingebrachte CO_2-Menge [Anzahl der Moleküle].

- C(t) die zum Zeitpunkt t davon noch in der Atmosphäre verbliebene CO_2-Menge [Anzahl der Moleküle].

- a_i Anteile an den zusätzlich eingebrachten CO_2-Molekülen, mit $(a_\infty + \Sigma\, a_i) = 1$. Werte in Tab. 2.

- τ_i die zugehörigen Zeitkonstanten (Zeit für den Abfall auf den Wert $1/e$ = ca. 37 %), wobei für a_∞ die Zeitkonstante unendlich gilt. Der Anteil a_∞ verbleibt daher auf Dauer in der Atmosphäre. Werte in Tab. 2.

Diese Formel ist exakt *die gleiche*, wie sie seinerzeit für den *radioaktiven Zerfall* eines Gemisches von instabilen Stoffen mit unterschiedlichen Halbwertszeiten aufgestellt wurde (demgemäß wird manchmal auch vom »Zerfall« oder »decay« des CO_2 gesprochen). Die Berechtigung ihrer Anwendung auf die Entnahme von CO_2 aus der Atmosphäre wird noch diskutiert werden. Aber wie auch immer, durch diese Formel ist das Bern Carbon Cycle Model *mathematisch klar definiert.*

Allerdings scheint die Gruppeneinteilung bis zu einem gewissen Grad willkürlich zu sein: Sowohl die Anzahl der Gruppen als auch deren Größe und zugehörige Zeitkonstanten haben sich im Laufe der Zeit mehrfach verändert. In Tab. 2 sind die Werte zusammengestellt:

Bericht	Gruppe 1	Gruppe 2	Gruppe 3	Gruppe 4	Gruppe 5	Gruppe 6
AR 2	$a_\infty = 13{,}69$ $\tau = \infty$	$a_1 = 8{,}07$ $\tau_1 = 1{,}33$	$a_2 = 20{,}86$ $\tau_2 = 4{,}16$	$a_3 = 25{,}02$ $\tau_3 = 17{,}01$	$a_4 = 19{,}38$ $\tau_4 = 55{,}70$	$a_5 = 12{,}98$ $\tau_5 = 371{,}6$
AR 3	$a_\infty = 15{,}2$ $\tau = \infty$	$a_1 = 31{,}6$ $\tau_1 = 2{,}57$	$a_2 = 27{,}9$ $\tau_2 = 18{,}0$	$a_3 = 25{,}3$ $\tau_3 = 171{,}0$		
AR 4	$a_\infty = 21{,}7$ $\tau = \infty$	$a_1 = 18{,}6$ $\tau_1 = 1{,}186$	$a_2 = 33{,}8$ $\tau_2 = 18{,}51$	$a_3 = 25{,}9$ $\tau_3 = 172{,}9$		

Tab. 2: Bern Carbon Cycle Model: *Gruppeneinteilung für den Abbau von CO_2 aus der Atmosphäre, Anteile a_i [%] und Zeitkonstanten τ_i [Jahre]; AR 2 = (IPCC, 1995), AR 3 = (IPCC, 2001), AR 4 = (IPCC, 2007); für AR 2 und 3 jeweils Standard-Variante; alle Werte aus (UNFCCC, 2002).*

Allem Anschein nach wurden die %-Sätze und die Zeitkonstanten *nicht aus physikalischen Überlegungen* für jeweils spezielle Senken ermittelt, sondern einfach durch *mathematischen Fit* an die zum jeweiligen Zeitpunkt bekannten anthropogenen Freisetzungen und CO_2-Konzentrationen angepasst (das erklärt wohl auch die vielen Nachkommastellen!). Das grundsätzliche Verständnis war dabei wohl, dass die anthropogenen Freisetzungen *Ursache* der Konzentrationen sind. Warum von sechs auf vier Gruppen reduziert wurde, konnte ich nicht herausfinden, auch keine Zuordnung der Gruppen zu speziellen Senken, weder bei sechs Gruppen, noch bei vier Gruppen.

Damit zur Diskussion über die Berechtigung dieser Formel zum Beschreiben der Abnahme einer erhöhten CO_2-Konzentration: Bei einem Gemisch instabiler Stoffe zerfällt jedes Isotop streng nach *seinen jeweiligen speziellen Eigenschaften*, unabhängig von der Anwesenheit oder Abwesenheit anderer Isotope. Jede Halbwertszeit gilt eingeschränkt: *Immer nur für die Atome des jeweiligen Isotops!* Alle anderen Atome sind davon nicht betroffen. Wenn das Isotop mit der kürzesten Halbwertszeit verschwunden ist, dann trägt diese Halbwertszeit *nichts mehr* zum weiteren Geschehen bei. Der weitere Zerfall erfolgt dann zwangsweise entsprechend langsamer. Und wenn das nächstkurzlebige Isotop zerfallen ist, dann geht es nochmals langsamer weiter. Und so weiter, bis nur mehr sehr langlebige Isotope übrig sind. Der Abfall der Gesamtaktivität erfolgt gewissermaßen mit einer *kontinuierlich immer länger werdenden* Gesamthalbwertszeit. Beim radioaktiven Zerfall gibt eine Summe von (abfallenden) e-Potenzen das Geschehen *korrekt* wieder.

Bei der Entnahme von CO_2 aus der Atmosphäre ist das aber *entscheidend anders:* Diese Entnahme hängt nicht von unterschiedlichen Eigenschaften *der CO_2-Moleküle* ab (die sind ja alle gleich!), sondern ausschließlich *von den Eigenschaften der Senken* (und natürlich von der Konzentration). Und diese Senken wirken alle *parallel und gleichzeitig auf alle CO_2-Moleküle* und sie bleiben auch alle *bis zum Schluss hin* voll wirksam. Sie wirken prinzipiell gleich wie *eine einzige, entsprechend stärkere* Senke! Es gibt daher *nur eine »Gesamthalbwertszeit«, die zeitlich konstant bleibt und nicht immer länger wird* (siehe jedoch die Anmerkung und die Ergänzung am Schluss dieser Ziff. 6.16.1).

Der Unterschied sei durch einen Vergleich des radioaktiven Zerfalls eines Gemisches instabiler Isotope mit dem Auslauf von Wasser aus einem Topf mit Löchern im Boden verdeutlicht. Das ist zwar kein ganz korrekter Vergleich mit der CO_2-Entnahme aus der Atmosphäre, weil der Auslauf von Wasser aus einem Loch durch *Strömung* erfolgt und daher nach dem Torricelli-Gesetz proportional zur Wurzel aus dem Wasserstand ist, während die Entnahme von CO_2 aus der Atmosphäre durch *Diffusion* erfolgt und daher nach dem Henry-Gesetz proportional zur Konzentration ist. Aber weil es bei diesem Vergleich nicht auf absolute Geschwindigkeiten ankommt, spielt diese Nicht-Übereinstimmung hier keine Rolle und der Wassertopf ist nun einmal ein anschauliches und nachvollziehbares Modell. Den Unterschied zu verdeutlichen, seien drei Beispiele diskutiert:

- Beispiel 1: Nehmen wir ein Gemisch aus zwei radioaktiven Isotopen A und B mit den Halbwertszeiten A* und B*, die Mengen seien der Einfachheit halber gleich, die Halbwertszeit A* sei deutlich länger als B* (Isotop A ist daher deutlich weniger radioaktiv als Isotop B, oder, anders ausgedrückt, Isotop B zerfällt deutlich schneller als Isotop A). Die Radioaktivität dieses Gemisches nimmt mit einer Gesamthalbwertszeit ab, die zunächst *zwischen* A* und B* liegt, aber kontinuierlich immer länger wird und sich schließlich asymptotisch *dem größeren Wert A* nähert* (der Beitrag des Isotops B wird immer kleiner, zum Schluss *wirkt praktisch nur noch Isotop A!*).

Und das vergleichen wir nun mit einem Wassertopf mit zwei Löchern a und b im Boden, mit a deutlich kleiner als b, sodass die Ausflussrate a* durch das Loch a deutlich kleiner ist als die Ausflussrate b* durch das Loch b. Die Gesamtausflussrate liegt *nicht* zwischen a* und b*, sondern sie ist die *Summe* der beiden und das (größere) Loch b *verliert nicht allmählich an relativer Wirksamkeit*, sondern es trägt *bis zum Schluss hin wesentlich mehr* bei als Loch a. Diese *Umkehr der Bedeutung* der einzelnen Senken sei nochmals herausgestellt: Anfangs ist in beiden Fällen die stärkere Senke tonangebend, das schneller zerfallende Isotop bzw. das größere Loch. Zum Schluss aber ist bei der Radioaktivität *das schwächer radioaktive Isotop A tonangebend,* während beim Wassertopf *das größere Loch b dominierend bleibt!*

- Beispiel 2: Dieses ist ähnlich, nur wird hier das Isotop B durch das Isotop C ersetzt, dessen Halbwertszeit C* nochmals ganz wesentlich kürzer sei, als die des Isotops B. C zerfällt also noch schneller als B. Dem Zerfall des Isotops A ist das *völlig egal*, es zerfällt wie im ersten Beispiel stur mit seiner Halbwertszeit A* und zu jedem Zeitpunkt t sind von ihm in beiden Beispielen noch exakt *gleich viele* Atome vorhanden. Die Anfangsradioaktivität des Gemisches ist natürlich größer als im ersten Beispiel und sie nimmt auch schneller ab, aber nach einiger Zeit ist in beiden Beispielen praktisch *nur noch das Isotop A vorhanden* und von da ab sind die beiden Beispiele praktisch *identisch*. Ob B oder C der anfängliche Partner von A war, merkt man bei fortgeschrittener Zeit kaum noch. In beiden Beispielen ist dann *das am schwächsten radioaktive Isotop (A) tonangebend*, sie sind kaum noch voneinander zu unterscheiden!

Dasselbe machen wir nun beim Wassertopf: Wir ersetzen das größere Loch b durch ein noch größeres Loch c. Dieses Loch c nimmt dem Loch a *noch mehr Wasser weg* als das Loch b im ersten Beispiel, anhaltend! In beiden Beispielen wird beim Wassertopf *niemals* a tonangebend, maßgeblich bleibt immer *der stärkere Partner von a*, und dementsprechend bleiben die beiden Beispiele bis zum Schluss hin deutlich unterschiedlich!

- Beispiel 3: Hier gehen wir wieder vom ersten Beispiel mit den beiden Isotopen A und B aus, wir ersetzen jetzt aber nicht B durch C, sondern wir fügen ein zusätzliches Isotop D zu dem Gemisch aus A und B hinzu. Dieses sei nur schwach radioaktiv, seine Halbwertszeit D* sei also sehr lang, viel länger als A*. Die Gesamthalbwertszeit, nach der die Gesamtradioaktivität abnimmt, wird eindeutig *länger* als im ersten Beispiel und nach einiger Zeit verlieren A und B ihre Bedeutung und D wird *tonangebend!*

Machen wir dasselbe nun beim Wassertopf. Wir bohren neben a und b noch ein drittes, sehr kleines Loch d. Es passiert nicht viel: Die Gesamthalbwertszeit, nach der das Wasser ausrinnt, wird ein klein wenig *kürzer*, und d wird *nie eine wichtige Rolle spielen!*

Ergebnis: Der radioaktive Zerfall eines Gemisches instabiler Isotope und die Entnahme von CO_2-Molekülen aus einem Reservoir durch mehrere Senken verhalten sich *entscheidend unterschiedlich!* Die Formel mit einer Summe fallender e-Potenzen beschreibt den radioaktiven Zerfall korrekt, *passt aber nicht* zur Entnahme von CO_2 aus der Atmosphäre. Man verzeihe mir bitte den etwas polemischen Vergleich, aber es ist nun einmal schwierig, einen Kreis mit der Formel für ein Quadrat zu berechnen!

Manchmal wird das in Diskussionen auch einigermaßen akzeptiert: Es wird gesagt, dass die Formel mit der Summe fallender e-Potenzen gar nicht den Anspruch erhebt, die Physik der Atmosphäre richtig zu beschreiben, sie wäre vielmehr nur eine *gute mathematische Beschreibung der Beobachtungen.* Solche mathematischen Annäherungen sind selbstverständlich vom Prinzip her zulässig und sie können sicherlich für manche Zwecke auch hilfreich sein, nur sind *Vorausrechnungen* für 50 oder 100 Jahre auf so einer Basis stets *äußerst problematisch.* Nur mathematisch, ohne physikalische Grundalgen, *fehlt solchen Vorausrechnungen einfach die Aussagekraft!* Daran ändert sich auch nichts, wenn man sie »Projektionen« und nicht »Prognosen« nennt. *Alle daraus gezogenen Schlüsse hängen in der Luft!*

Weil das Bern Carbon Cycle Model mit seiner Summe abfallender Exponentialfunktionen die Entnahme von CO_2 aus der Atmosphäre von seinem Aufbau her *nicht richtig beschreiben kann,* kann es auch die Interpretationen und Schlussfolgerung von IPCC gemäß Ziff. 3 *nicht retten!* Alle Gegenargumente, die für das Modell mit 50 % Verbleib diskutiert wurden, *bleiben aufrecht.*

Nun die schon oben angekündigte Anmerkung: Eine Summe abfallender e-Potenzen könnte die Entnahme von CO_2 aus der Atmosphäre höchstens in zwei Fällen richtig beschreiben, die liegen aber beide nicht vor. Erstens, wenn es nur *einen einzigen Pfad* für die Entnahme des CO_2 gibt und das CO_2 auf diesem Pfad *hintereinander* mehrere Reservoire durchströmt, deren Zeitkonstanten zunehmend größer werden. Biomasse und Ozean greifen jedoch zweifelsfrei *parallel* auf alle CO_2-Moleküle in der Atmosphäre zu. Der Fall liegt also eindeutig nicht vor!

Zweitens, wenn einige Senken *rasch in Sättigung* gehen und dann *nicht mehr weiter zur Verfügung stehen,* ähnlich wie rasch zerfallende Isotope bald nicht mehr vorhanden sind. Oberflächlich betrachtet könnte man das auch bei der Biomasse und bei der oberflächennahen Ozeanschicht so sehen: Die nehmen sehr rasch Gleichgewicht mit der Atmosphäre an (Ziff. 6.5). Aber diese Senken beenden dann ihre Funktion als Senken *nicht!* Das unterscheidet sie grundlegend von instabilen Isotopen, die irgendwann einmal zerfallen und dann eben *nicht mehr da* sind. Zum Unterschied davon sind die Biomasse und die oberflächennahe Ozeanschicht im Gleichgewicht mit der Atmosphäre gerade nicht gesättigt, sie bleiben vielmehr *weiterhin aktiv* und sie nehmen auch *weiter zusätzliches CO_2 auf,* in dem Maße, in dem die Konzentration in der Atmosphäre weiter wächst! Es ist eben ein Unterschied, ob *unterschiedliche* Atomsorten nach *ihren* Eigenschaften zerfallen, oder ob *gleiche* Moleküle von mehreren Senken *nach deren Eigenschaften* entnommen werden!

Das sei an einem Beispiel noch zusätzlich verdeutlicht: Wenn man bei einem Gemisch radioaktiver Isotope nach einiger Zeit, wenn das Isotop mit der kürzesten Halbwertszeit (das anfänglich am stärksten gestrahlt hat!) schon praktisch vollständig zerfallen ist, nochmals etwas von dem Ausgangsgemisch zugibt, dann wird *für diese Zusatzmenge* auch wieder die kürzeste Halbwertszeit wirksam (natürlich nur für den Anteil, den dieses Isotop am Gemisch hat), *nicht aber* für die aus dem Anfang noch vorhandene Restmenge. Diese Restmenge zerfällt vielmehr *unverändert* weiter, völlig unabhängig davon, ob es eine Nachlieferung gibt oder nicht. Man kann die Lage auch so beschreiben: Beim radioaktiven Zerfall *verschiebt* eine Nachlieferung des instabilen Materials die Anteile, mit denen die einzelnen Isotope zur (momentanen) Radioaktivität beitragen (wie diese Anteile sich auch ohne Nachlieferung mit der Zeit verschieben). Wenn man aber beim Wassertopf mit den Löchern nochmals Wasser nachschüttet, dann fließt natürlich *auch vom noch vorhandenen Restwasser* Wasser durch alle Löcher (auch durch das größte Loch!) aus. Vollständiger: Die Anteile der einzelnen Löcher am Abfluss bleiben bei einer Nachlieferung von Wasser *unverändert* (wie sie auch generell konstant sind)! Auch wenn man manchmal vom »Zerfall« des CO_2 spricht, *es zerfällt nicht,* sondern es wird von (unterschiedlichen) Senken der Atmosphäre entnommen! Und dafür gelten eben eigene Gesetze!

Noch eine kleine Ergänzung: Beim $^{14}CO_2$ hatten wir gesehen, dass dieses mit einer *konstanten* Halbwertszeit der Atmosphäre entnommen wurde (Ziff. 6.13.6). Keine Veränderung, über rund fünf Halbwertszeiten hinweg, praktisch vom Maximalwert bis zum vollständigen Abbau der Überschusskonzentration! Auch das steht in klarem Widerspruch zum Bern Carbon Cycle Model, nach dem die Halbwertszeit infolge der Überlagerung von e-Potenzen *immer länger wird!* Es ist nur schwer vorstellbar, wie das Bern Carbon Cycle Model die Entnahme von CO_2 aus der Atmosphäre richtig beschreiben sollte.

6.16.2 Addition von Impulsantworten

Das Bern Carbon Cycle Model verfolgt prinzipiell, wie sich die CO_2-Konzentration in der Atmosphäre *nach einem impulsförmigen Eintrag von CO_2* zeitlich verändert (»puls response function«). Fortgesetzte Freisetzungen werden in *jährliche Einzelimpulse* zerlegt. Für jeden solchen Einzelimpuls wird errechnet, wie viel von ihm zu einem bestimmten Zeitpunkt noch in der Atmosphäre verblieben ist (nachfolgend »Restmenge« genannt). Die Gesamtantwort auf eine fortgesetzte Störung wird dann durch *Addition dieser einzelnen Restmengen* ermittelt.

Natürlich kann man eine fortgesetzte Störung immer in jährliche Einzelimpulse zerlegen, diese einzeln weiterverfolgen und dann über die jeweiligen Restmengen aufsummieren. Nur muss man dabei aufpassen und das scheint im Bern Carbon Cycle Model etwas zu kurz zu kommen: Im Modell werden für jeden Einzelimpuls die von diesem in jedem Jahr noch verbliebenen Restmengen berechnet, wobei allem Anschein nach »*ballistisch*« weitergerechnet wird, so, als würden die jährlichen Restmengen, wenn der Impuls einmal freigesetzt worden ist, für alle Zukunft *unverrückbar feststehen*.

In der Atmosphäre ist das aber *prinzipiell anders*. Eigentlich haben wir das Problem schon in Ziff. 6.16.1 kennengelernt: Beim radioaktiven Zerfall eines Gemisches instabiler Isotope ändert eine Nachlieferung von diesem Gemisch (ein weiterer Einzelimpuls) *nichts* am weiteren Zerfall der aus früheren Einzelimpulsen noch vorhandenen Restmengen. Die merken einfach nichts von der Nachlieferung, da gilt die »ballistische« Rechnung. Bei der Entnahme von CO_2 aus einem Reservoir durch mehrere Senken ändert sich bei einem nachfolgenden Einzelimpuls die Entnahme der noch vorhandenen Restmengen aber *sehr wohl*, weil hier die Entnahme durch jede Senke *von der momentan vorhandenen Gesamtmenge abhängt* und die sich nun einmal *durch jeden nachfolgenden Einzelimpuls ändert*. Es ist schwer zu verstehen, wie das Bern Carbon Cycle Model, das mit der Formel für den radioaktiven Zerfall rechnet, die Entnahme von CO_2 aus der Atmosphäre *richtig berechnen* können sollte.

6.16.3 Ein Kreisschluss?

Beim Bern Carbon Cycle Model gibt es aber auch noch ein grundsätzliches *Kreisschluss*-Problem: Das Modell ist allem Anschein nach auf der Grundannahme aufgebaut, dass ein fester Anteil der anthropogenen Freisetzungen langfristig in der Atmosphäre verbleibt und dieserart *Ursache für den Anstieg der CO_2-Konzentration* ist (alleinige Ursache, ohne einen Beitrag anderer Quellen!). Diese Grundannahme ist die Basis für die Anpassung der Parameter des Modells. Wenn das stimmt, dann zeigen die Ergebnisse nur die Konsequenz der Grundannahme, *können deren Richtigkeit aber prinzipiell nicht bestätigen!*

6.16.4 Der grundlegende Unterschied

Die von IPCC verwendeten Modelle (»50%-Modell« und »Bern Carbon Cycle Model«) und die »physikalische Sicht«, wie sie hier in diesem Buch dargelegt wurde, unterscheiden sich grundlegend in der *Berücksichtigung von äußeren Einflüssen* (Erwärmung, Umlagerung von Meeresströmungen, etc.) auf die CO_2-Freisetzung: Aus der »physikalischen Sicht« sind *variable äußere Einflüsse zugelassen* – und werden dann auch als notwendig erkannt, um den starken Anstieg der CO_2-Konzentration physikalisch tragfähig erklären zu können (für diesen Anstieg müssen die natürlichen Freisetzungen deutlich stärker geworden sein!). Die IPCC-Modelle unterstellen demgegenüber *prinzipiell konstante äußere Einwirkungen*.

Man erlaube mir eine Zwischenbemerkung: 250 Jahre konstante äußere Einwirkungen anzunehmen, scheint mir schlichtweg weltfremd zu sein. Die Natur war noch nie konstant, warum soll sie es gerade in den letzten 250 Jahren gewesen sein? Vom Klima wird immer dessen »noch nie dagewesene Änderung« betont, auf die Einflussgrößen auf den Kohlenstoffkreislauf soll das aber keine Auswirkungen haben!? Ist das wirklich vorstellbar? Ende der Zwischenbemerkung.

Infolge dieser angenommenen Konstanz der äußeren Einwirkungen müssen die IPCC-Modelle den starken Konzentrationsanstieg durch ein kompliziertes Verhalten im »kurzfristigen Kohlenstoffkreislauf« mit physikalisch nur schwer zu begründenden Gleichungssystemen erklären. Für Prognosen sind im Falle der »physikalischen Sicht« *Angaben über die zukünftige Konzentration* erforderlich und die aus dem Modell abgeleiteten Aussagen *beruhen dann auf Physik*, die IPCC-Modelle brauchen demgegenüber für Prognosen *Angaben über die zukünftigen anthropogenen Freisetzungen* und ihre Aussagen *beruhen dann auf angenommenen mathematischen Formeln*. Als Basis für Aussagen über die Verhältnisse in etwas fernerer Zukunft und daraus zu treffende weitreichende Entscheidungen heute erscheint mir das grundsätzlich problematisch!

7 Was tun?

Die Ansichten von IPCC zum Ursprung des vielen CO_2 in der Atmosphäre sind in jahrzehntelanger Arbeit von einer großen Zahl von Wissenschaftlern erarbeitet und weiterentwickelt worden. Zweifel an der Richtigkeit müssen daher schon sehr gut begründet sein. Genau das scheint aber für die hier vorgebrachten Gegenargumente zu gelten! Diese Gegenargumente gehören jedoch diskutiert, nur eine *sorgfältige und ergebnisoffene Diskussion* kann wirklich Klarheit schaffen.

Das ist der Zweck dieses Buches. Es will einen Beitrag zum Erreichen dieser Klarheit leisten. Aber auch wenn die hier vorgebrachten Gegenargumente richtig sind, bedeutet das noch nicht automatisch, dass der Klimawandel, den es ja zweifellos gibt, harmlos ist und willkommen sein sollte. Auch wenn wir immer noch nicht wissen, welches Klima wirklich *das beste für die Menschheit insgesamt ist*, wenn es sich *zu stark und zu schnell* ändert, dann ist das auf jeden Fall schlecht, unabhängig von der Ursache (was durch den Zusatz »zu« trivial ist, die Frage ist nur, ob er zutrifft oder nicht!). Nur, wenn der Großteil des CO_2-Zuwachses in der Atmosphäre *natürlichen* Ursprungs ist, dann können wir den Klimawandel gerade *nicht durch Reduzieren unserer CO_2-Freisetzungen* bekämpfen, wie weit auch immer wir reduzieren könnten! *Das ist das grundlegende Problem!* Wir sollten, statt des vermutlich ohnehin hoffnungslosen Versuches, Klimaänderungen *abzuwehren*, uns besser *vorsorglich an den Klimawandel anpassen,* das hilft unabhängig von der Verursachung (und ist sehr wahrscheinlich auch viel billiger als die Abwehr, selbst wenn die gelingen sollte). Wir sollten dankbar sein für das CO_2-bedingt verbesserte Pflanzenwachstum (»Ergrünen der Erde«, Ziff. 6.5.2) und für billig verfügbare Energieressourcen, Armut ist immer noch eine Menschheitsplage!

Was in dieser Situation nottut, ist eine mit hoher Priorität geführte vorurteilsfreie Diskussion darüber, *woher das viele CO_2 in der Atmosphäre tatsächlich kommt.* Aus heutiger Sicht *ist das die vordringlichste Aufgabe.* Ist das viele CO_2 tatsächlich überwiegend natürlich, dann hat unser Tun, wie auch immer wir es gestalten, *keinen großen Einfluss auf das Klima!* Wenn dieses CO_2

aber doch hauptsächlich anthropogen sein sollte (was nach den in diesem Buch gemachten Ausführungen allerdings sehr unwahrscheinlich ist), dann müsste als Nächstes *quantitative Klarheit* über die Klimawirksamkeit des CO_2 herbeigeführt werden. Erst wenn sich dabei ein hoher Wert bestätigen sollte, könnten einschneidende Maßnahmen zur Reduktion der anthropogenen Freisetzungen berechtigt sein! Derzeit fehlt hierfür die Grundlage gleich doppelt: *Die hohe Klimawirksamkeit des CO_2 ist fraglich* (wird in diesem Buch nur gesagt, aber nicht näher diskutiert) *und die anthropogene Herkunft des vielen CO_2 ist das erst recht* (wird in diesem Buch ausführlich begründet)!

8 Zusammenfassung

Nach Meinung des Weltklimarates IPCC stehen wir *kurz vor einer Klimakatastrophe* als Folge der anthropogenen CO_2-Freisetzungen. Ozean und Biomasse würden zwar etwa 50 % dieser Freisetzungen rasch der Atmosphäre wieder entnehmen, die anderen 50 % würden aber langfristig (viele Jahrhunderte oder noch länger) dort verbleiben (feste »airborne fraction«). Dadurch (*nur dadurch!*) würde die CO_2-Konzentration in der Atmosphäre *immer weiter ansteigen*, unaufhaltsam, solange es anthropogene Freisetzungen gibt. Und mit der Konzentration würde auch die Temperatur *immer weiter steigen*, auf geradem Weg in die Katastrophe. Daraus leitet IPCC insbesondere zwei Forderungen ab:

- Unabhängig von der zeitlichen Verteilung dürfen wir *nur noch eine sehr begrenzte CO_2-Menge freisetzen* (»festes CO_2-Budget«) und

- wir müssen unsere Freisetzungen überhaupt so schnell wie möglich *vollständig beenden* (»zero carbon«).

Gegen diese Ansichten gibt es massive Gegenargumente. Es wird gezeigt, dass die sehr wahrscheinlich richtig sind und ein dringender Bedarf zur Klärung durch sachliche und ergebnisoffene Diskussionen besteht. Die wichtigsten Gegenargumente sind:

1. *IPCC kann keinen plausiblen physikalischen Prozess angeben,* mit dem seine Annahme untermauert werden könnte, dass immer 50 % der anthropogenen CO_2-Freisetzungen in der Atmosphäre verbleiben. Das ist vor allem deswegen so wichtig, weil nach den Regeln der Physik die Entnahme von CO_2 aus der Atmosphäre eigentlich *nur von der Konzentration* abhängen darf und *unabhängig davon* sein muss, ob und wie viel CO_2 gleichzeitig in die Atmosphäre freigesetzt wird. Wenn das stimmt, *kann es eine feste »airborne fraction« gar nicht geben!*

2. Nach den Gesetzen der Physik kann infolge der hohen natürlichen Umwälzung und deren Abhängigkeit von der Konzentration die starke Zunahme der atmosphärischen CO_2-Konzentration (von 280 auf 410 ppm) *nicht durch die relativ kleinen anthropogenen Freisetzungen alleine erklärt werden* (lediglich ca. 4 ppm/a!). Den Hauptbeitrag müssen vielmehr *wesentlich stärker gewachsene natürliche Freisetzungen* geleistet haben!

3. Das *laufende starke Wachsen* der atmosphärischen CO_2-Konzentration (ca. 2 ppm/a) kann nicht durch die vor allem in den letzten 10 Jahren *nur mehr sehr langsam wachsenden* anthropogenen Freisetzungen alleine erklärt werden. Die gesamten CO_2-Freisetzungen müssen daher nicht nur *deutlich größer sein* als die anthropogenen Freisetzungen (Nr. 2), sondern sie müssen auch *laufend deutlich schneller wachsen* als jene!

4. Die dem Anstieg der CO_2-Konzentration überlagerten jahreszeitlichen Zyklen von mindestens 6 ppm/a sind nur möglich, wenn jedes Jahr mindestens 6 ppm zusätzlich in die Atmosphäre freigesetzt und auch wieder aus ihr entnommen werden. Das ist mit der Annahme, dass immer 50 % der Freisetzungen in der Atmosphäre verbleiben, *nicht verträglich!*

5. Die allgemeine Erwärmung, wodurch auch immer sie verursacht worden ist, hat unvermeidbar zu einem *erhöhten Ausgasen* von CO_2 aus dem Ozeanwasser geführt. Dass die anthropogenen Freisetzungen die *alleinige Ursache* der gestiegenen CO_2-Kopnzentration wären, *kann daher prinzipiell nicht stimmen!*

6. Durch die gute Durchmischung der Atmosphäre infolge von Wind und Wetter kann man nicht getrennte Ströme von CO_2 durch die Atmosphäre hindurch verfolgen. Es ist daher vom Grundsatz her *der falsche Blickwinkel*, wenn IPCC versucht zu verfolgen, *was mit den anthropogenen Freisetzungen in die Atmosphäre geschieht!* Sie landen einfach in der guten Durchmischung in der Atmosphäre! Man kann nur

verfolgen, was mit dem CO_2 geschieht, *das in der Atmosphäre vorhanden ist.* Und da sind alle Moleküle gleich, sie müssen sich daher auch *alle gleich verhalten!* Insbesondere müssen sie auch alle *die gleiche mittlere Verweilzeit* in der Atmosphäre haben, unabhängig von ihrem Ursprung. Die relativ wenigen anthropogen freigesetzten CO_2-Moleküle können *keinen überproportionalen Beitrag zur Konzentrationserhöhung leisten!*

7. Weil die Entnahme von CO_2-Molekülen aus der Atmosphäre generell mit steigender Konzentration zunimmt, stellt sich bei konstanter Freisetzung immer *die* Konzentration ein, bei der *die Entnahme gleich groß ist wie die Freisetzung.* Die Konzentration wächst dann *trotz weiter anhaltender Freisetzung nicht mehr weiter. Es gibt kein »festes CO_2-Budget« und »zero carbon« ist nicht erforderlich!*

8. Messungen der $^{14}CO_2$-Konzentration nach dem Stopp für atmosphärische Atombombenversuche zeigen einen raschen Abfall mit einer gleichbleibenden Zeitkonstanten von etwa 10 Jahren. *Mit dieser Zeitkonstanten müssen auch andere Überschusskonzentrationen wieder abgebaut werden,* wenn nichts mehr nachgeliefert wird! CO_2 in der Atmosphäre *ist nicht langlebig!*

9. Das viele CO_2 in der Atmosphäre kann *nur dann* hauptsächlich durch die relativ kleinen anthropogenen Freisetzungen verursacht worden sein, wenn die Netto-Entnahme von CO_2 aus der Atmosphäre *durch einen anderen physikalischen Prozess erfolgt* als die Umwälzung des CO_2. *Nur unterschiedliche Prozesse können auch unterschiedliche Zeitkonstanten haben!* Unterschiedliche Prozesse liegen aber eindeutig nicht vor, die Netto-Entnahme von CO_2 aus der Atmosphäre erfolgt vielmehr *durch die Umwälzung selbst:* Im Gleichgewicht ist diese ausgeglichen, bei erhöhter Konzentration ist sie unausgeglichen, immer aber ist die *Differenz zwischen den Flüssen der Umwälzung die Netto-Entnahme. Derselbe Prozess, dieselbe Zeitkonstante! Die kleinen anthropogenen Freisetzungen können daher nur untergeordnet zum vielen CO_2 in der Atmosphäre beigetragen haben!*

10. Neben dem relativ einfachen »50%-Modell« verwendet IPCC auch noch das viel komplexere »Bern Carbon Cycle Model«. Beide Modelle kommen *zu deutlich unterschiedlichen Ergebnissen*. Eines von beiden *muss* daher falsch sein! *Dann können aber auch beide falsch sein!* Vermutlich sind sie es auch.

11. Das Bern Carbon Cycle Model verwendet eine Formel, die für den Zerfall eines Gemisches radioaktiver Stoffe gilt, den Abbau der CO_2-Konzentration in der Atmosphäre aber *nicht physikalisch richtig beschreibt!* Es kann die Ansichten von IPCC daher *nicht stützen!*

12. Wenn die eingetretene erhebliche CO_2-Zunahme in der Atmosphäre *überwiegend natürlich* verursacht ist, dann hängt unausweichlich auch die zukünftige Entwicklung der CO_2-Konzentration stark von der Entwicklung der natürlichen Freisetzungen ab. Solange wir die nicht prognostizieren können, sind zuverlässige Prognosen der CO_2-Konzentration *prinzipiell nicht möglich!*

13. Wenn die eingetretene erhebliche CO_2-Zunahme in der Atmosphäre *überwiegend natürlich* verursacht ist, *dann bestimmt entweder natürliches CO_2 das Klima der Erde, oder es wird von ganz anderen Einflussgrößen bestimmt.* Der Forderung, die anthropogenen Freisetzungen zu reduzieren, *bricht in beiden Fällen die Basis weg!*

14. Wenn wir das Klima nicht beeinflussen können, was sehr wahrscheinlich ist, dann sollten wir uns lieber bemühen, uns *an die Änderungen des Klimas anzupassen.* Das hilft auch unabhängig von der Ursache dieser Änderungen!

Jedes einzelne dieser Argumente scheint stichhaltig zu sein. Zusätzliche Argumente finden sich im Text, weitere werden z.B. in (Beppler, 2020), (Berry, 2019), (Harde, 2017), (Harde, 2019), (Harde, 2021), (Roth, 2019), (Roth, 2020), (Salby, 2018), (Vahrenholt, 2020) und in vielen anderen Arbeiten vorgebracht, mit prinzipiell gleichem Ergebnis. In ihrer Gesamtheit lassen sie kaum noch Spielraum für die Richtigkeit der IPCC-Ansichten zu. Aber die

Argumente gehören diskutiert, nur eine *sorgfältige und ergebnisoffene Diskussion* kann wirklich Klarheit schaffen!

Dieses Buch möchte einen Beitrag hierzu leisten. Es versucht in möglichst leicht verständlicher Form eine Diskussion der breiten Öffentlichkeit zugänglich zu machen, die bisher nur von wenigen Wissenschaftlern geführt worden ist und ansonsten weitgehend unbeachtet geblieben ist, die aber das Potential hat, *die gesamte Klimadiskussion völlig zu verändern.* Für eine endgültige Beurteilung ist es vielleicht noch zu früh, aber die Basis des menschengemachten Klimawandels *ist auf jeden Fall ernsthaft in Frage gestellt!* Wie in vielen anderen Fällen spricht auch beim CO_2 alles dafür, dass *die Natur stärker ist als der Mensch.* Das viele CO_2 in der Atmosphäre ist aller Wahrscheinlichkeit nach zum größten Teil durch *natürliche Prozesse* dorthin gebracht worden. Der Klimawandel ist daher höchstwahrscheinlich *nur zum kleineren Teil menschengemacht* und den eingeleiteten und beabsichtigten Klimaschutzmaßnahmen *fehlt die Basis!* In der etablierten Klimawissenschaft scheint mit den physikalisch nicht begründbaren Ansätzen *ein grundsätzlicher Fehler enthalten zu sein!*

Literatur

(AIR LIQUIDE, 2013): Pressemitteilung: »Wachstumsschub mit CO_2«, 28. Feb. 2013.

(Berry, 2019): Edwin X Berry: »Human CO_2-Emissions Have Little Effect on Atmospheric CO_2«, International Journal of Atmospheric and Oceanic Sciences, Vol. 3, No. 1, 2019, pp. 13–26; doi: 10.11648/j.ijaos.20190301.13.

(Beppler, 2020): Beppler, E.: »Quantifizierung des marginalen anthropogenen CO_2-Gehaltes in der Atmosphäre – ein seit Jahren überfälliger Schritt«; EIKE, 26.12.2020.

(Beppler, 2021): Beppler, E.: »Die Klimaschutzmaßnahmen im Koalitionsvertrag von November 2021 im Lichte der Fakten und Folgen für Deutschland«; EIKE, 19.12,2021.

(EEA, 2019): European Environment Agency, Data and maps, data visualisation, CO_2, 2019.

(GCB, 2021): Global Carbon Project, Infographic_Emissions2021.pdf, Global Carbon Budget 2021.

(GISS, 2019): National Aeronautics and Space Administration, Goddard Institute for Space Studies, GISS Surface Temperature Analysis (v4).

(Harde, 2017): Hermann Harde: »Scrutinizing the carbon cycle and CO_2 residence time in the atmosphere«, Global and Planetary Change 152, pp. 19–26, http://dx.doi.org/10.1016/j.gloplacha.2017.02.009.

(Harde, 2019): Hermann Harde: »What Humans Contribute to Atmospheric CO_2: Comparison of Carbon Cycle Models with Observations«, Earth Sciences, Vol. 8, No. 3, 2019, pp. 139–159. doi: 10.11648/j. earth.20190803.13.

(Harde, 2021): Hermann Harde, Murry L. Salby: »What Controls the Atmospheric CO_2-Level?«, Science of Climate Change, Vol. 1, No. 1, August 30, 2021, pp. 54–69.

(HBS): Hamburger Bildungsserver: »Auswirkungen höherer CO_2-Konzentration«.

(IPCC, 1995): SAR »Climate Change 1995, The Science of Climate Change, Contribution of Working Group I to the Second Assessment Report of the Intergovernmental Panel on Climate Change« [J. T. Houghton, L. G.

Meira Filho, B. A. Callander, N. Harris, A. Kattenberg, K. Maskell (eds.)], Cambridge University Press, 1995.

(IPCC, 2001): TAR »Climate Change 2001: The Physical Science Basis. Contribution of Working Group I to the Third Assessment Report of the Intergovernmental Panel on Climate Change« [J. T. Houghton, Y. Ding, D.J.Griggs, m. Noguer, P. J. van dere Linden, X. Dai, K. Maskell, and C.A. Johnson (eds.)]. Cambridge University Press, Cambridge, United Kingdom and New York, NY, USA, 881 pp.

(IPCC, 2007): AR 4 »Climate Change 2007: The Physical Science Basis. Contribution of Working Group I to the Fourth Assessment Report of the Intergovernmental Panel on Climate Change« [Solomon, S., D. Qin, M. Manning, Z. Chen, M. Marquis, K.B. Averyt, M. Tignor and H.L. Miller (eds.)]. Cambridge University Press, Cambridge, United Kingdom and New York, NY, USA, 996 pp.

(IPCC, 2013): AR 5: »Climate Change 2013: The Physical Science Basis. Contribution of Working Group I to the Fifth Assessment Report of the Intergovernmental Panel on Climate Change« [Stocker, T.F., D. Qin, G.-K. Plattner, M. Tignor, S.K. Allen, J. Boschung, A. Nauels, Y. Xia, V. Bex and P.M. Midgley (eds.)]. Cambridge University Press, Cambridge, United Kingdom and New York, NY, USA, 1535 pp.

(IPCC, 2018): TR 1.5: »Global Warming of 1.5°C«. An IPCC Special Report on the impacts of global warming of 1.5°C above pre-industrial levels and related global greenhouse gas emission pathways, in the context of strengthening the global response to the threat of climate change, sustainable development, and efforts to eradicate poverty [Masson-Delmotte, V., P. Zhai, H.-O. Pörtner, D. Roberts, J. Skea, P.R. Shukla, A. Pirani, W. Moufouma-Okia, C. Péan, R. Pidcock, S. Connors, J.B.R. Matthews, Y. Chen, X. Zhou, M.I. Gomis, E. Lonnoy, T. Maycock, M. Tignor, and T. Waterfield (eds.)].

(IPCC, 2021): AR 6: »Climate Change 2021: The Physical Science Basis. Contribution of Working Group I to the Sixth Assessment Report of the Intergovernmental Panel on Climate Change« [Masson-Delmotte, V., P. Zhai, A. Pirani, S. L. Connors, C. Péan, S. Berger, N. Caud, Y. Chen, L. Goldfarb, M. I. Gomis, M. Huang, K. Leitzell, E. Lonnoy, J.B.R. Matthews,

T. K. Maycock, T. Waterfield, O. Yelekçi, R. Yu and B. Zhou (eds.)].
Cambridge University Press. In Press.

(Köhler, 2018): P. Köhler, et al., »Comment on ›Scrutinizing the carbon cycle
and CO_2 residence time in the atmosphere‹ by H. Harde«, Global and
Planetary Change, Vol. 164, 2018, pp. 67–71.

(NOAA): »The Technical Details: The Bomb Spike. Nuclear Testing and
Its Own Fingerprint«. Image provided by NOAA Global Monitoring
Laboratory, Boulder, Colorado, USA (https://esrl.noaa.gov/).

(Roth, 2019): Eike Roth: »Probleme beim Klimaproblem – Ein Mythos
zerbricht«, BoD-Verlag Norderstedt 2019, ISBN 978-3-7481-8275-7.

(Roth, 2020): Eike Roth: »Abgesagt! Dem Klimanotstand bricht die Basis weg«,
BoD-Verlag Norderstedt 2020, ISBN 978-3-7526-4764-8.

(Salby, 2018): Murry Salby: »What is Really Behind the Increase of
Atmospheric CO_2?«, Vortrag an der Helmut Schmidt Universität,
Hamburg, 10.10.2018.

(Scinexx, 2016): »Unser blauer Planet wird grüner – Steigender
Kohlendioxidgehalt der Luft fördert das Pflanzenwachstum«: *https://www.
scinexx.de/news/geowissen/unser-blauer-planet-wird-gruener/*.

(Statista, 2021): Statista Research Department, Statistiken, Energie und Umwelt,
Emissionen, CO_2-Emisssionen weltweit in den Jahren 1960 bis 2020, Stand
November 2021.

(UNEP, 2021): United Nations Environment Programme (2021). Emissions
Gap Report 2021: The Heat Is On – A World of Climate Promises Not Yet
Delivered. Nairobi, https://www.unep.org/emissions-gap-report-2021.

(UNFCCC, 2002): »Parameters for tuning a simple carbon cycle model«,
United Nations Framework Convention on Climate Change; *https://unfccc.
int/resource/brazil/carbon.html*.

(Vahrenholt, 2020): Fritz Vahrenholt, Sebastian Lüning: »Unerwünschte
Wahrheiten«, 2. Auflage, Langen Müller Verlag München 2020, ISBN 978-
3-7844-3553-4.

Über den Autor

Dr. Eike Roth wurde 1941 in Kronstadt, Siebenbürgen, geboren. Er studierte in Wien Physik und promovierte 1967 dort zum Doktor der Philosophie, Fachrichtung Physik. Beruflich war er im Gebiet der Kernenergie tätig, zum Schluss als Technischer Leiter in einem großen deutschen Kernkraftwerk. Seit seiner Pensionierung lebt er wieder in Österreich.

Durch den Beruf bedingt und aus persönlichem Interesse hat er sich schon früh intensiv mit Fragen des Energiebedarfs der Menschen, seiner Deckung und den Auswirkungen auf Lebensbedingungen und Umwelt beschäftigt. Das macht er auch heute noch. Zentrales Thema war und ist dabei das Klimaproblem. Er hat sich an zahlreichen Diskussionen hierzu beteiligt, einschlägige Vorlesungen gehalten und Fachpublikationen geschrieben. Populärwissenschaftliche Bücher haben ihn in einem größeren Umfeld bekannt gemacht. Mit dem vorliegenden Buch will er ein weiteres Mal der Bringschuld der Wissenschaftler gegenüber der Öffentlichkeit nachkommen. Das auch deshalb, weil neuere Erkenntnisse eine Revision früherer Ansichten erforderlich machen.

Außerhalb von Beruf und Klimadiskussionen ist Eike Roth ein begeisterter Bergsteiger und hat auch ein Buch über Lawinen geschrieben. Auch dabei half ihm sein physikalisches Grundverständnis, komplizierte Sachzusammenhänge zu durchleuchten und verständlich darzustellen.

Weitere Titel des Autors

Eike Roth:
Probleme beim Klimaproblem – Ein Mythos zerbricht
BoD-Verlag Norderstedt 2019, ISBN 978-3-7481-8275-7

Konsens in der Wissenschaft?

Der Autor räumt mit dem weit verbreiteten Mythos auf, in der Klimawissenschaft gäbe es einen Konsens. Den hätten viele gerne, aber bei genauerem Hinsehen ist er ganz einfach nicht da. Dissens gibt es nicht nur bei der zentralen Frage der realen Klimawirksamkeit des CO_2 und welche Rolle andere Ursachen spielen, insbesondere die Sonne, sondern auch in zahlreichen anderen Punkten: Welches Klima ist denn überhaupt »optimal«? Wie ist das Klimaproblem gegenüber anderen Problemen einzuordnen? Wie ist die Ankurbelung des Pflanzenwachstums durch CO_2 gegenzurechnen? 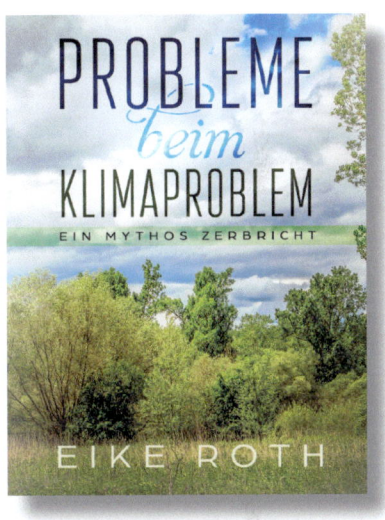 Haben Extremwetterereignisse zugenommen und wie wahrscheinlich sind Kippunkte im Klimageschehen? Wie sehr müssen wir unsere CO_2-Freisetzungen reduzieren? Welche Kosten fallen hierfür an und wie sind die Erfolgsaussichten? Und noch in vielen anderen Fragen auch.

In gut verständlicher Form erklärt der Autor, was jeweils tatsächlich umstritten ist, welche Bedeutung das für das Klimaproblem insgesamt hat und welche Folgerungen daraus zu ziehen sind. Das Buch soll zur Versachlichung der Diskussion beitragen. Der Leser wird eingeladen, sich selbst ein Bild zu machen.

Eike Roth:
Abgesagt! Dem Klimanotstand bricht die Basis weg
BoD-Verlag Norderstedt 2020, ISBN 978-3-7526-4764-8

Ist der Mensch wirklich schuld am vielen CO_2?

Die CO_2-Konzentration in der Atmosphäre ist um fast 50 % angestiegen. Einzelne Kommunen, Städte, Länder und Staaten, aber auch das europäische Parlament haben den Klimanotstand ausgerufen. Fridays for Future fordert die generelle Ausrufung. Nur so könnten die anthropogenen CO_2-Freisetzungen ausreichend drastisch reduziert werden. Das wiederum wäre erforderlich, um die drohende Klimakatastrophe doch noch abzuwenden. Das kann aber nur unter zwei Voraussetzungen stimmen: Erstens muss CO_2 tatsächlich der bestimmende Klimafaktor sein und zweitens muss die starke Erhöhung des CO_2 in der Atmosphäre tatsächlich aus den anthropogenen Freisetzungen kommen. Das Buch untersucht den zweiten Problembereich.

In gut verständlicher Form wird der Ursprung des vielen CO_2 in der Atmosphäre untersucht: Was spricht für die anthropogenen Freisetzungen, was dagegen? Es zeigt sich, dass »anthropogen« nach den Gesetzen der Physik nicht haltbar ist, der Großteil muss aus einer anderen Quelle kommen! Welche das ist, kann so nicht gesagt werden, aber mögliche Erklärungen werden aufgezeigt. Das Problem wird aus verschiedenen Blickwinkeln beleuchtet. Immer mit dem gleichen Ergebnis: Die Natur ist auch hier stärker als der Mensch, der anthropogene Beitrag kann nur untergeordnet sein! Wenn das stimmt, dann sind die Konsequenzen gravierend: Wenn der Mensch nicht schuld am vielen CO_2 ist, dann ist er auch nicht schuld am Klimawandel! Dem Klimanotstand bricht die Basis weg! Ein Buch, das mit klaren Argumenten Widersprüche in der üblichen Klima-Darstellung aufzeigt und zum Nachdenken anregt.